U0514754

国际乡村发展与减贫研究系列成果

International Rural Development and Poverty Reduction Research Series

中国扶贫与国际减贫理论比较研究

中国国际扶贫中心　主编

中国财经出版传媒集团

经济科学出版社

Economic Science Press

图书在版编目（CIP）数据

中国扶贫与国际减贫理论比较研究／中国国际扶贫
中心主编．—北京：经济科学出版社，2022.11
ISBN 978 - 7 - 5218 - 3996 - 8

Ⅰ.①中… Ⅱ.①中… Ⅲ.①扶贫 - 研究 - 中国 ②扶
贫 - 研究 - 世界 Ⅳ.①F126 ②F113.9

中国版本图书馆 CIP 数据核字（2022）第 166516 号

责任编辑：吴　敏
责任校对：易　超
责任印制：张佳裕

中国扶贫与国际减贫理论比较研究
ZHONGGUO FUPIN YU GUOJI JIANPIN LILUN BIJIAO YANJIU
中国国际扶贫中心　主编
经济科学出版社出版、发行　新华书店经销
社址：北京市海淀区阜成路甲 28 号　邮编：100142
总编部电话：010 - 88191217　发行部电话：010 - 88191522
网址：www. esp. com. cn
电子邮箱：esp@ esp. com. cn
天猫网店：经济科学出版社旗舰店
网址：http://jjkxcbs. tmall. com
北京季蜂印刷有限公司印装
710×1000　16 开　13 印张　220000 字
2022 年 11 月第 1 版　2022 年 11 月第 1 次印刷
ISBN 978 - 7 - 5218 - 3996 - 8　定价：56. 00 元
（图书出现印装问题，本社负责调换。电话：010 - 88191510）
（版权所有　侵权必究　打击盗版　举报热线：010 - 88191661
QQ: 2242791300　营销中心电话：010 - 88191537
电子邮箱：dbts@ esp. com. cn）

中国扶贫与国际减贫理论比较研究

项目组

项目负责人： 谭卫平　左　停

项目组成员： 陈玉杰　邓高超　于乐荣　巴　枫　刘启明

王　琳　史志乐　唐丽霞　赵梦媛　李世雄

李泽峰　赵泽宇

目　　录

执行摘要

本书通过系统梳理世界反贫困理论归纳出全球贫困理论研究谱系，基于国际反贫困理论演进特征提炼出不同阶段最具代表性与典型性的国际反贫困理论，并对不同国家的反贫困政策与实践进行系统归纳。与此同时，对中国反贫困政策和实践进行理论概括，系统梳理中国在脱贫攻坚进程中采取的原创性、独特性和一般性举措，总结其实现脱贫奇迹的成功经验，进而剖析中国反贫困理论中的特色性理论与普适性理论，并结合国际环境与时代特色剖析诸项理论的适用性条件与作用机制，提炼出对世界各国反贫困更具参考性与适切性的整体性贫困治理理论（Holistic Anti-Poverty Governance，HAPG）和农户资产与能力建设理论（Assets and Capacity Building for Livelihoods，ACBL）。此外，立足于全球视角和世界意义，对国际反贫困理论与中国反贫困理论进行系统比较，指出国际比较视野下中国反贫困理论具有开放性、系统性、人民性、动态性、适应性、应用性特征。在此基础上，提出加强中国反贫困理论总结、借鉴国际反贫困理论和创新中国低收入人口支持和帮扶理论的政策启示，以期进一步推动全球反贫困事业进程。

一、国际反贫困理论和政策

（一）国际反贫困理论

自瑞典学者冈纳·缪尔达尔提出"反贫困"这一概念后，专业性贫困研究的历史序幕由此拉开。国际贫困研究历经收入贫困、能力贫困、权利贫困以及多维贫困的研究范式，产生了物质/消费的贫困观、能力贫困理论、文化贫困理论、权利贫困理论、社会排斥理论、脆弱性理论、主观贫困理论、多维贫困理论等一系列贫困理论。伴随人类对贫困认知的不断拓展，从古典经济学领域到发展经济学领域，再到福利经济学领域，产生了一系列以经济增长促进反贫困的理论研究，包括均衡增长理论、区域发展理论、多元发展理论、家庭经济反贫困理论等。

在贫困内涵由单维拓展至多维，对贫困原因的讨论从个体转变至结构的同时，社会学、政治学等领域产生了诸如文化贫困理论、代际传递理论、权利贫困理论、贫困功能论、贫困处境论等反贫困理论。此外，在国际机构、民间组织参与反贫困的实践中，助推可持续生计理论、参与式扶贫理论、空间贫困理论、社会资本反贫困理论的形成，实现了研究从宏观向微观的转变。

(二) 世界各国反贫困的政策体系

在丰富的世界反贫困理论研究中，有的理论仅停留在理念层面，而有的理论则切实指导了减贫实践，转化为国家的反贫困的政策。本部分将系统整理世界不同国家的反贫困政策体系并提供指南，邀请人文与发展学院的留学生对其本国的反贫困政策进行回顾。

课题组根据现有文献的梳理以及对当今世界贫困状况的宏观认识，将世界贫困划分为以下五种类型：以撒哈拉以南非洲地区为代表的生产力不足的贫困，以南亚、东南亚地区为代表的人均资源不足的贫困，以拉丁美洲地区为代表的流动性贫困或城市贫困，以中东欧、中亚地区为代表的转型性贫困，以欧美发达国家为代表的移民贫困和少数失业贫困。

在上述回顾性研究的基础上，本书将对相关国家的不同反贫困政策提出概括性、比较性评价，如开发式扶贫理论将有效破解以撒哈拉以南非洲地区为代表的生产力不足贫困，益贫式增长理论有助于解决以南亚地区为代表的人均资源不足贫困。

二、中国反贫困理论

本书着力于剖析中国扶贫的基本经验与具体举措，以深度展现中国扶贫的原创性、独特性和一般性举措及其理论意义。在世界反贫困理论视野下，结合中国脱贫的实践和既往研究，对新中国成立以来中国反贫困实践进行归纳。中国反贫困历经了新中国成立前反剥削革命阶段（1921～1949 年），土地改革和集体化阶段（1949～1978 年），开发式反贫困阶段（1978～1994 年），攻坚式反贫困阶段（1994～2010 年），精准扶贫、精准脱贫阶段（2011～2020 年）等。

中国扶贫理论实现了宏观设计与微观实践的有效配合，通过以习近平扶贫重要论述作为根本遵循和科学指引，坚持以脱贫攻坚统揽经济社会发展全局，扶贫实践具有统一的指导理念和系统性路径，而非止步于"头痛医头、脚痛医脚"。同时，将脱贫攻坚置于实现中华民族伟大复兴的历史脉络中，采取中央统筹、省负总责、市县抓落实的贫困治理体系，提升扶贫实效。

总体而言，学界认为中国反贫困理论集中体现于以下八点：一是坚持以人为本的发展思想；二是充分发挥社会主义制度优势；三是坚持党的领导；四是整体性贫困治理体系及其能力提升；五是依托宏观经济发展带动反贫困事业；六是强化农民资产能力建设与脱贫动力培育；七是坚持精准扶贫方略和精准脱贫方略；八是构建全社会参与的扶贫机制。这些基本涵盖了中国反贫困理论的主体内容，进一步抽象提炼，则可总结为四个方面，即中国反贫困理论体系包括贫困目标对象识别、反贫困的宏观治理、反贫困的社会经济文化环境氛围营造、反贫困的微观措施（见图1）。在这些特色理论中，许多理论是由中国政治体制所决定的，但其中的整体性政府贫困治理体系及其能力提升和强化农民资产能力建设与脱贫动力培育这两个方面具有一般性、普遍性理论价值，是中国反贫困理论的世界贡献，也是本书重点分析的理论内容。

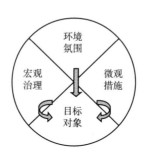

图1　中国反贫困理论体系

（一）整体性治理（HAPG）：从宏观视角调动扶贫资源的中国反贫困理论

1. 凝聚减贫共识，贫困地区以脱贫攻坚统揽经济社会发展全局

通过凝聚全党和全社会减贫共识、统一减贫发展思想理论，夯实经济社会发展基础、聚拢工作重心，增强发展能力、提升发展水平并强化大扶贫格局，从而建成没有贫困的小康社会，实现中华民族伟大复兴。脱贫攻坚与经济社会发展是一个互动耦合系统，整体性贫困治理蕴含着通过脱贫攻坚促进经济社会发展的可能性，脱贫攻坚把各部门分散的项目、资金和资源以及政府的支持、市场的推动、社会的帮扶整合起来，通过目标导向、层层传导，形成合力共

识，将贫困问题作为贫困地区亟待优先解决的关键问题，并通过解决贫困问题进而解决落后地区发展的主要障碍。

2. 构建有效的回应性治理体系，为脱贫攻坚奠定制度基础

有效的治理体系是一个有机的制度系统，从中央到地方各个层级，从政府治理到社会治理，各种制度安排作为一个统一的整体相互协调，密不可分。回应性的治理体系即积极回应脱贫攻坚所要实现的目标，着眼于扶贫过程中的现实问题以及广大农民对美好生活的向往。整体性贫困治理着力构建有效的回应性治理体系，建立跨部门的领导小组制度和领导小组双组长制度，确保从中央到地方的扶贫开发领导小组积极投身于脱贫攻坚工作；通过五级书记抓扶贫、层层签订的责任制度，把扶贫做真、做实，形成强大攻坚合力；通过第一书记和驻村工作队制度，加强农村基层组织建设，解决一些贫困村"软、散、乱、穷"等突出问题；通过严格的检查和退出考核制度，全流程、全方位、真实、客观地展示精准扶贫精准脱贫工作全貌，有效推进政府精准扶贫在治理上的优化，切实提高脱贫攻坚的精准度、实效性和可持续性。

3. 施行财政涉农资金县级整合政策，为脱贫攻坚提供财政保障

施行财政涉农资金县级整合政策以形成"多个渠道引水、一个龙头放水"的扶贫投入新格局，为脱贫攻坚提供坚实的财政保障。为了提高涉农资金的使用效益和国家支农政策效果，2017年国务院颁布《国务院关于探索建立涉农资金统筹整合长效机制的意见》，鼓励贫困县根据行业内资金整合与行业间资金统筹的工作思路，因地制宜开展多层级、多形式的涉农资金统筹整合。财政涉农资金县级整合充分发挥我国社会主义的制度优势，通过全面调动资源，集中注意力和精力以压倒性优势解决问题，为集中力量全面打赢脱贫攻坚战提供了重要的财政保障。

4. 打造多部门参与的多维扶贫格局，推动实现扶贫理念主流化

贫困的多维性决定了贫困治理主体和治理手段的多元化，多部门参与的多维扶贫格局即采取精确瞄准、因地制宜、分类施策，以产业发展、转移就业、易地搬迁、教育扶贫、健康扶贫、生态保护扶贫、保障兜底、社会扶贫等为主要手段和实现途径，进而实现稳步提高贫困人口增收脱贫能力。在脱贫攻坚过程中，多部门联合行动，共同攻克贫困难题，通过实施易地扶贫搬迁和危房改

造，切实解决农民住房安全问题；通过实施生态扶贫与公益性岗位，构建脱贫可持续发展机制；通过实施教育扶贫政策，阻断贫困代际传递机制；通过实施健康扶贫政策，阻断因病致贫、返贫机制；通过实施社会保障扶贫政策，构建社会安全网；通过实施基本公共服务和基础设施扶贫政策，健全完善脱贫发展环境机制。与此同时，在全社会范围内营造扶贫主流话语权，推动实现扶贫理念主流化。

5. 统筹不同类型的减贫与发展目标对象，切实提升贫困人口就业发展能力

稳定就业是实现贫困群众脱贫致富，打赢脱贫攻坚战的重要保障。随着脱贫攻坚的深入推进，就业扶贫的优势和重要性日益凸显，这既是巩固当前的脱贫成果、有效防止返贫的重要举措，也为保障贫困人群个体的生存和发展、维护国家社会稳定起到了重要作用。就业扶贫的主要政策措施包括促进转移就业、加强技能培训和完善就业服务三个方面。促进转移就业是就业扶贫的核心内容，也是实现困难群众稳定脱贫的重要路径，即通过各种途径拓宽就业渠道、创造劳动岗位，建立稳定就业长效脱贫机制，有助于贫困人口提升自身的人力资本，增强个人的获得感，激发内生动力和脱贫能力，同时也对新型城镇化建设、实现全面建成小康社会具有正向的溢出效应。

6. 优化有利于穷人的经济环境与结构，将脱贫攻坚嵌入经济发展之中

中国积极探索有益穷人发展的经济发展环境和经济结构，将脱贫攻坚和乡村县域发展结合起来，注重减贫基础条件、内生发展能力、文化发展和治理体系的培育，把减贫嵌入发展中，形成包容性发展，形成发展引领型的可持续脱贫模式。首先，做好不同时间节点和发展阶段脱贫安排的有机衔接；其次，扶贫与发展有效衔接、贫困村与非贫困村平衡发展；最后，既鼓励投入少、见效快的扶贫车间，扶贫驿站以及光伏电站等瞄准当前精准扶贫阶段特殊需求的政策，也有促进农民基本能力建设的各种培训行动以及培育当地发展环境等着眼于未来经济发展的长期见效的政策，将农户眼前的短期收益和长期发展结合起来。将脱贫攻坚嵌入经济发展体系之中，为贫困人口创造一个综合发展平台，创造良好的就业环境，鼓励有条件的劳动力外出就业，发展贫困地区当地的产业，促进贫困地区资源转化等，逐步形成和优化有利于穷人的经济环境与结构。

7. 调动全社会的积极性，形成关心关注贫困的社会氛围

社会扶贫作为政府、市场、社会协同推进的大扶贫格局中的重要组成部分，对于打赢脱贫攻坚战、实现全面建成小康社会的战略目标具有重要的意义。扶贫不仅仅是政府的职责，更是需要全社会共同关注和承担的责任。以脱贫攻坚统揽经济社会发展全局，加强社会扶贫体制的建设，推进社会扶贫工作的创新，发挥社会扶贫在经济社会发展的助推作用，充分发挥其潜力，是新形势下扶贫开发的重要方向和强大动力。自 2013 年开始，党中央和国务院对社会扶贫进行了重要政策部署，通过推进民营企业"万企帮万村"精准扶贫行动、搭建中国社会扶贫网、深入推广消费扶贫、创新扶贫公益慈善品牌、开展扶贫志愿活动等形式充分调动全社会扶贫积极性，形成扶贫的多元化主体，建立起社会扶贫的常态化机制，形成了关心关注贫困的社会氛围。

（二）农户资产与能力建设（ACBL）：从微观视角促进农户变化的中国反贫困理论

1. 强化农业发展基础，夯实温饱保障水平

在农业的改善和发展方面推行诸多举措，打牢了贫困地区农户脱贫的基础，大大地提升了贫困地区农户的生计基础，使得农户的积极性大大提升。与此同时，在基本生活水平得到切实保障后，农户能够更加主动地参与到反贫困实践与后续发展中。

2. 加强农户资源转化，实现绿水青山就是金山银山

依托生态农业等模式，积极盘活村集体资产，整合农村优势资源与闲置资产并进行整体调配组合。依托农家乐、牧家乐等物质载体和优秀传统文化载体，通过发展文化旅游事业实现农户生计资产转换，不仅有助于实现绿水青山就是金山银山，也有助于实现文化资源向经济资源的强势转化。

3. 强化农民志智双扶，提升农户发展能力

人力资本投资是最具价值的投资，也是通向富裕与公平的重要路径。因此，通过农户人力资本的改善和发展，提升农户整体发展能力。

4. 加强农户资产建设，塑造发展良性内循环

农户资产建设能力的提升可以实现农户内部生产的可持续性与脱贫的可持续性，依托资产建设塑造农户发展良性内循环。

5. 强化资本可获得性，提升资源配置效率

由于物质资本的发展和改善是一个长期性的过程，除了生计基础最为薄弱的小部分贫困地区以外，通过其他资本的改善以促进农户收入的增加，为农户物质资本的积累奠定良好的基础，使得物质资本的积累能够和收入增长互相促进并形成良性循环，最终实现农户生计情况的根本性改善。

三、中外减贫理论对比及中国反贫困理论的特色

（一）国际反贫困理论比较

本书从国外贫困的社会经济背景、贫困问题性质（归因于表现）、减贫目标设定、减贫机制、减贫工具举措、减贫效应六个方面进行中外减贫理论比较研究。其中，国外涉及亚非拉 25 个国家，并对巴西、印度、印度尼西亚、坦桑尼亚和塞拉利昂进行了重点案例研究（见附录 3～附录 7）。

一是贫困背景。世界各国面临的贫困现状和贫困背景各不相同，既有发达国家型贫困，亦有发展中国家型贫困；既涉及社会主义制度国家，亦涉及资本主义制度国家，其意识形态各不相同；既有生产能力不足、总体落后的客观背景，亦有总体发展水平较高但贫富分化、悬殊的实际情况。

二是贫困问题。各国面临的贫困问题各异，存在绝对贫困与相对贫困的差异，还有收入贫困、支出贫困、能力贫困、主观贫困、权利贫困、多维贫困、制度性贫困、移民贫困等不同贫困类型的分野。

三是减贫目标。减少贫困、减缓贫困和消除贫困等不同的反贫困目标定位均存在。各国对贫困的容忍程度与干预程度不同，有的国家强调减少贫困人口的数量，减少贫困发生因素；有的国家重在减缓贫困的程度，多采取减轻、缓和贫困的手段；中国则强调消除贫困，脱贫路上一个都不能少。总体而言，目前中国反贫困主要集中于农村绝对贫困，而国外则涵盖农村、城市贫困，谱系更宽，但层次高低存在明显差异。

四是减贫机制。政府、市场、社会、贫困者自身所处的位置不同，各主体发挥的作用各异。从世界范围来看，各国反贫困主体都已从政府为主转变为多元主体。政府虽然在各国的反贫困行动中发挥着重要作用，但政府并非唯一的行动者，市场组织、民间组织，甚至贫困人口自身等都是反贫困中不可或缺的主体。但在不同的社会文化背景下，这些主体的作用有强有弱，从而对减贫机

制产生重要影响。

五是减贫工具。既有面向社会全体的普惠型工具，也有针对特定群体的特惠型工具；既有立足于完善基本公共服务的减贫工具，也有着眼于社会经济政策调整的减贫工具；同时，中外均有特定类型的减贫工具，如中国的扶贫车间、生态扶贫等减贫工具，以及拉丁美洲有条件的现金转移支付等。

六是减贫效应。在人群瞄准、问题回应、减贫效果、溢出效应等方面，中外减贫成效差异较大。因此，在贫困瞄准范围、贫困问题的回应性与治理有效性、是否实现可持续脱贫、能否在解决贫困的同时提升脱贫能力和生活信心等方面都有很大的差异。

（二）中国反贫困理论的基本框架

中国作为最大的发展中国家，通过脱贫攻坚，历史性解决了绝对贫困问题。作为世界反贫困力量的重要组成部分，中国反贫困理论与实践相较于国际反贫困既有其共性特征，又具有独特性表现。

第一，在贫困背景方面，中国贫困类型属于发展中国家型贫困，不同于发达国家的相对贫困表征，其反贫困理论与实践主要集中于消除绝对贫困，贫困成因仍以生产力发展不充分不平衡为主。

第二，在贫困问题方面，中国脱贫攻坚以消除绝对贫困为根本目标，综合化解收入型贫困与支出型贫困，真正实现"两不愁三保障"，保障群众基本生活水平。与此同时，在反贫困实践中注重贫困户生计能力的重塑与提升，坚持"扶贫先扶志"，因势利导，精准扶贫，缓解能力贫困，破除制度性贫困，解决移民贫困。

第三，在减贫目标方面，中国承诺"决不能落下一个贫困地区、一个贫困群众"，始终坚持以人民为中心的发展思想，全面建成小康社会，一个也不能少；在共同富裕路上，一个也不能掉队，致力于彻底消除绝对贫困问题并坚持高位推动，协同发力。

第四，在减贫机制方面，中国构建专项扶贫、行业扶贫、社会扶贫互为补充的大扶贫格局，形成跨地区、跨部门、跨单位、全社会共同参与的社会扶贫体系。

第五，在减贫工具方面，中国既有面向社会全体的普惠型工具，也有针对特定群体的特惠型工具；既有立足于完善基本公共服务的减贫工具，也有着眼于社会经济政策调整的减贫工具。通过开展产业扶贫、科技扶贫、教育扶贫、文化扶贫、健康扶贫、消费扶贫，推动基本公共服务均等化，推进最低生活保障提质扩面，形成多种类型的反贫困工具包。

第六，在减贫效应方面，中国不仅着力于解决贫困人口的贫困问题，也注重欠发达地区的发展问题。在反贫困实践中，扎实推进欠发达地区人居环境改善和营商环境优化，为其注重持续发展动力。在反贫困过程中，基层治理能力明显提升，中国反贫困理论指导下的减贫实践具有显著的正向溢出效应。

（三）国际比较视野下中国反贫困理论的特色

中国反贫困理论是一个"理论及应用体系"，涵盖理论、政策与实践经验，三者协同互促，同频共振。相较于国际反贫困理论，既有共性特征，又有独特性表现。中国反贫困理论及其实践注重贫困户生计能力的重塑与提升，坚持"扶贫先扶志"，因势利导，精准扶贫，缓解能力贫困，破除制度性贫困。一是在减贫目标方面，中国致力于彻底消除绝对贫困问题。二是在减贫机制方面，中国构建专项扶贫、行业扶贫、社会扶贫互为补充的大扶贫格局，形成跨地区、跨部门、跨单位、全社会共同参与的社会扶贫体系。三是在减贫工具方面，中国既有面向社会全体成员的普惠型工具，也有针对特定群体的特惠型工具；既有立足于完善基本公共服务的减贫工具，也有着眼于社会经济政策调整的减贫工具；通过开展产业扶贫，推动基本公共服务均等化，推进最低生活保障提质扩面，形成多种类型的反贫困工具包。四是在减贫效应方面，中国不仅致力于破解贫困人口的贫困问题，也注重解决欠发达地区的发展问题，在反贫困实践中扎实推进欠发达地区人居环境改善和营商环境优化，为其注入持续发展动力，实现基层治理能力明显提升。中国反贫困理论指导下的减贫实践具有显著的正向溢出效应。

1. 坚持开放性：立足中国实际，兼收并蓄

中国反贫困理论具有鲜明的开放导向，在吸收国际先进经验与反贫困理论的基础上，根植于广阔的反贫困实践田野，贯穿于中国共产党成立与发展的全过程。依托于中国稳定的政治秩序与一以贯之的执政方针，中国共产党的历代领导人均将反贫困作为施政纲领的重要内容与关键性环节予以推进。

新中国成立初期面临一穷二白的局面，中国共产党在学习借鉴各国反贫困建设经验的基础上抓住主要矛盾，开展大规模土地改革和社会主义制度建设，

并建立救灾救荒、优抚安置和"五保"供养等制度，通过救济制度开展反贫困斗争。在改革开放初期，通过"以工代赈"进行区域性扶贫，后期又在全国范围内有计划、有组织、大规模地开展扶贫开发，并针对连片特困地区进行重点开发。在此基础上，中国于1994年颁布《国家八七扶贫攻坚计划》，着重解决8000万农村贫困人口的温饱问题，进行攻坚式反贫困。2001年后，考虑到中西部少数民族地区、革命老区、边疆地区和特困地区等区域的贫困状况，实施"以县为基本单元、以贫困乡村为基础"的反贫困策略。党的十八大以来，中国立足基本国情，学习世界反贫困理论经验，把握减贫规律，基于整体性贫困治理与生计建设理论，出台了一系列超常规政策举措，历史性地终结了现行标准下的绝对贫困。

理论的开放性既要坚持博采众长，避免闭门造车，也要坚持以我为主，为我所用，破除阻碍发展的关键障碍，实现制度性反贫困。总体而言，中国反贫困理论的产生、调整、优化与完善无不与时代关切与具体实际密切关联，并在此基础上积极汲取国际先进经验，博采众长，兼收并蓄，不断传承、优化、创新与完善。此外，相较于国际社会，中国是少有的将反贫困与政权稳定紧密关联的国家。无论是新中国成立初期的历史目标，还是最终实现的共产主义，中国始终将反贫困作为关键议题，置于治国理政的重要位置，并在实践中不断更新和完善。

2. 坚持系统性：统筹推进，整体优化

中国反贫困理论具有鲜明的系统导向，通过整体统筹形成科学的系统耦合机制。中国反贫困理论注重整体推进，在全社会范围内形成反贫困主流化意识，将反贫困置于更为宏观的社会经济系统中进行统筹解决，而不局限于"头痛医头、脚痛医脚"式的局部化解方案。换言之，反贫困理论既有针对欠发达地区的整体脱贫方案，亦有针对贫困人口的精准性减贫举措，通过欠发达地区和贫困人口双重帮扶政策，共同助力解决贫困问题。其中，对于中西部少数民族地区、革命老区、边疆地区和特困地区等深度落后地区，构建区域性整体发展规划，营造益贫性发展环境，优化营商环境，强化东西部地区协作，夯实地区发展基础。对于贫困人口，依据致贫原因对症下药、量体裁衣，不仅重视解决暂时性贫困问题，更注重可持续、长期脱贫机制的塑造。对于有发展能力的贫困群体，强化技能训练和教育培训，依托就业扶贫、产业扶贫，搭建稳定脱贫机制；部分或全部丧失发展能力的贫困群体，强化保障性反贫困举措，借助低保政策与财政兜底政策，保障其基本生活水平；对于无发展动力的贫困群体，通过志智双扶，激发内生动力，从而构建全社会积极反贫困的良好氛围。

此外，中国反贫困理论注重配套全面，协同发力。于反贫困保障体系而言，不仅有"中央统筹、省总负责、市县抓落实"的体系保障，也具有专项扶贫、行业扶贫、社会扶贫互为支撑、共同推进的大扶贫格局，保障反贫困政策成效。于反贫困政策举措而言，既有诸如光伏扶贫、集体经济分工等增加收入的收入倍增型政策，也有诸如健康扶贫、大病保障等缓解支出压力的支出型政策，更有阻断贫困代际传递链的教育反贫困政策，以及提升整体发展水平的基本公共服务反贫困政策。于反贫困制度机制而言，既有贫困监测预防返贫机制，也有精准识别贫困人口识别机制，还有"六个精准""五个一批"贫困帮扶保障机制，以及反贫困成果巩固拓展保障机制，由此形成了一整套体系完备的反贫困机制。

3. 坚持人民性：人民至上，促进贫困人口全面发展

中国反贫困理论具有鲜明的人民导向，内含以人民为中心的发展思想并投射于人民的幸福感、获得感与安全感中。反贫困理论中的人民性并非抽象意义上的人民，而是切实将人民生计改善置于中心位置。反贫困理论中的人民至上集中体现在人民权利的保障上。权利作为一种规范化、制度化和约束性的利益保护机制①，主要体现为以生存权、社会权和发展权为主要内容的权利谱系。其中，生存权属于基础要件，社会权则是一种要求国家主动介入的积极权利。在工业化时代，家庭功能日渐弱化和市场失灵加剧，客观上要求政府在民生保障中积极作为以弥补家庭和市场不足，强调对"社会、经济上的弱者给予更加丰厚的保护"，使其"能与其他国民受到同等自由与生存保障"，以实现全体社会成员的"实质平等"②。发展权要求国家不再局限于仅从公民自身寻找造成其处于社会弱势地位的原因，而是将内在因素与外在因素有机结合，更加关注导致社会成员处于弱势地位的政治、经济和文化等外部环境透视③，并逐

① 高成军. 民权保障：民生问题的价值依归与法治向度［J］. 理论月刊, 2013（5）：107-111.
② 王太高, 邹焕聪. 论民生保障的法理基础［J］. 南京社会科学, 2010（4）：116-122.
③ 吴宁. 社会弱势群体权利保护的法理［M］. 北京：科学出版社, 2008.

渐消除造成弱势地位的诸项因素，从而于根源处实现对社会弱势群体的保障。

进而言之，中国反贫困理论中的人民性还体现于人民群众特别是贫困人口的实在获得性。"两不愁三保障"的提出切实兜牢贫困人口的基本生活保障，也为贫困群体提升资产与人力资本奠定夯实基础，促进内源式发展和可持续性发展。

4. 坚持动态性：与时俱进，动态推进梯度优化

中国反贫困理论的实践表征体现于动态性，是一个持续推进不断完善的过程。理论的形成与发展都是在动态过程中实现的，中国反贫困理论亦是如此，从经验到实践，进而抽象形成理论指导实践，并上升为政策在更大范围推行。与此同时，反贫困实践与反贫困政策中形成的新问题、新思路又反馈至反贫困理论，推动反贫困理论进一步优化完善。中国反贫困理论在各个阶段始终围绕"反贫困"这一中心予以聚焦发力，同时又极力避免落入僵化的形式主义窠臼。中国反贫困理论在全国一盘棋的扶贫战略中坚持不同阶段的动态性调整与不同地区的适应性创新相结合，在不同阶段针对不同贫困表现采取与同期经济社会发展水平相契合的减贫举措。

反贫困并非百米冲刺，而是一场旷日持久的马拉松。中国反贫困理论针对不同历史阶段与反贫困节点适时调整侧重点，体现出反贫困理论的积累性与递进性。解决表层贫困并非反贫困政策的终极目标，重要的是化解贫困产生的根源，实现脱贫的可持续性与发展的长期性。国际反贫困理论往往聚焦于贫困识别、贫困成因解释或贫困问题的宏观破解或微观化解的某一方面，在实践中即使能较好解决当前环节的问题，但也存在不同理论衔接过程中产生的转换衔接成本。中国反贫困理论则自成一体，贯穿于反贫困的全过程，将现代化进程中的贫困问题切分为不同阶段并予以逐一击破。中国反贫困理论不仅提出在脱贫攻坚阶段实现现行标准下消除绝对贫困的阶段性目标，也有最终实现共同富裕的宏伟目标，恰如其分地把握好节奏、力度和时限。

5. 坚持适应性：注重差异化，精准施策

中国反贫困理论的实践表征体现于针对多种情景下的差异化和适应性，是一个多架构的理论。一方面，构建了以"中央统筹、省总负责、市县抓落实"的中国脱贫攻坚制度体系，坚持自上而下的全面集中统一管理模式；另一方面，充分尊重地方的差异性和创新性，在统筹标准下建立多级别、差别化的地

方扶贫模式。此外，中国反贫困理论的适应性不仅体现在中央与地方反贫困理论的适应性调适上，还体现在对贫困人口与贫困地区瞄准对象的及时性反馈上。中国反贫困理论中的贫困识别瞄准机制是随着政治、社会、经济环境和贫困对象本身的变化而不断发展的，从"个体瞄准"到"区域瞄准"，再到"区域＋个体"的双重扶贫瞄准机制，既考虑到了致贫的地域性因素，又考虑到了致贫的个体因素；既有利于从整体上带动贫困地区经济社会发展，又可有效激发贫困个体的内生动力。而反观部分国际反贫困理论，则趋于简单与过于抽象化，难以适应不同地区的差异化实践。即使是同为低收入国家，因不同低收入国家面临的基本情况与发展障碍并不相同，直接套用国际低收入国家反贫困理论往往会出现水土不服，如用于解决贫困户发展资金不足的孟加拉国的小额贷款在巴西等发展中国家取得的成效并不显著。

中国反贫困理论不仅有科学严谨的顶层设计，也有扎实有效的微观实践，政策工具箱中涵盖多样化与差异性的反贫困工具，如特色产业扶贫、转移就业脱贫、易地搬迁脱贫、生态扶贫、教育扶贫、健康扶贫、科技扶贫、社会保障兜底减贫、资产性收益扶贫、公益性岗位设置、保险扶贫等。多样化、差别化的机制和政策供给保障了反贫困的适应性和精准性。

6. 重视应用性：着眼可操作性，知行合一

中国反贫困理论的实践表征体现于应用性，是一个着眼当下知行合一的理论。中国反贫困理论实现贫困理论与反贫困理论有机统一，具有鲜明的应用性与实操性，反贫困理论与反贫困实践以及反贫困政策紧密相连。具体而言，中国反贫困理论中对贫困的认知与解决有明确的政策导向，不是纯的理论、空的理论，不同阶段都有可明确的可实现的目标和操作可行的政策体系。概括而言，主要分为四个阶段。第一个阶段（1978～1985 年）主要是通过改革开放，打破平均主义，解放农民生产力，解决普遍性贫困问题；第二个阶段（1986～2000 年）开始进行有计划、有组织、大规模的开发式扶贫策略，瞄准贫困区域和贫困县，注重农业生产能力的提升，集中解决贫困人口的温饱问题；第三个阶段（2001～2012 年）主要以"一体两翼"（整村推进、劳动力转移培训、产业化扶贫），包含各类农业支持保护政策和农村社会保障制度在内的综合性扶贫举措的实施为抓手；第四个阶段（2013～2020 年）提出和全面实施精准扶贫战略，采取超常规的多样化举措，动员全党和全社会的力量参与脱贫攻坚

战，解决绝对贫困问题。① 不同阶段反贫困政策的实施重点均是对中国反贫困理论的现实关切与实践体现。中国反贫困理论在长期形成与发展过程中始终坚持稳定性与灵活性相结合，而部分国家长期照搬世界银行等通行贫困标准，导致贫困人口激增，陷入制度僵化的漩涡。

简言之，中国反贫困理论的应用性深刻体现于对基本国情和具体实际的精确把握，反贫困理论覆盖中国从解决普遍性贫困到解决深度贫困，再到彻底解决绝对贫困的全周期，并将进一步指导共同富裕的政策实践。反贫困理论既是抽象的、指导全局的科学指引，也是具体的、指导具体工作的方案说明。

四、中国扶贫经验的国际化与国际减贫前沿理论借鉴与启示

本书认为中国学术界需要着力做好中国扶贫理论的翻译，加强中国扶贫经验的普适性理论解释。世界贫困有很大差异性，中国的减贫与世界减贫并不完全一致，但中国的快速发展和持续性的减贫实践积累了丰富的脱贫经验，呈现出不同阶段的减贫方略、不同区域的贫困类型，以及多样化的具体脱贫模式。需要站在世界贫困的角度来全面系统性地总结我国脱贫的经验并将之更好地分享给全世界。

（一）进一步加强中国反贫困理论系统总结，讲好中国故事

应把中国成功的减贫经验、减贫模式转化好、翻译好，形成国际化的话语体系，把中国经验转化为世界经验。讲好中国脱贫攻坚的故事，为世界反贫困事业贡献中国智慧，提供中国方案。

在整体性治理与资产和生计能力建设理论指导下，中国凝聚社会减贫共识、构建有效治理体系、整合财政涉农资金、打造多维扶贫格局、提升就业发展能力、优化经济环境结构、营造关心贫困氛围、注重家庭生计能力提升和资产建设，并坚持党的领导，政府主导、社会参与、群众主体的扶贫体制；在社会经济发展进程中始终把一以贯之的长期扶贫战略与重点阶段的攻坚扶贫集中动员相结合；坚持区域瞄准与人群瞄准相结合的特征；坚持全国集中统一管理与不同阶段的动态调整、不同地区的适应性创新相结合；坚持广泛的经济发展

---

① 左停，徐卫周. 改革开放四十年中国反贫困的经验与启示 [J]. 新疆师范大学学报（哲学社会科学版），2019，40（3）：92-99，2.

带动与专项扶贫项目推动相结合，坚持开发式扶贫与保障性扶贫相统筹推进减贫；在目标设定方面，坚持区域瞄准与人群瞄准相结合；在进程节奏方面，坚持长期战略与阶段安排相结合；在干预措施方面，坚持统一部署与鼓励创新相结合。此外，中国也积极吸收学习国际反贫困理论与经验，并在实践中创新反贫困方案模式，进而反馈并优化反贫困理论，如光伏扶贫体现资产收益扶贫理论，公益性岗位体现以工代赈工作福利理论，完善基础设施、提升基本公共服务水平体现包容性扶贫理论，电商扶贫体现社会市场扶贫理论。

作为重要的公共知识产品，兼具"理论—实践—政策"三位一体的中国反贫困理论对于国际社会特别是众多发展中国家开展反贫困实践与总结反贫困理论具有重要意义。为此，需要从全球知识角度阐释中国反贫困理论，阐明反贫困理论作用发挥的前提要件和内在逻辑，即通过反贫困主流化意识的建立凝聚社会合力，通过资产建设等方式实现生计系统良性循环。此外，在向世界翻译、传递、交流中国的反贫困理论的过程中，既要明确其理论的特殊性与本土性，又要明晰其理论的一般性与推广性，从而推动中国反贫困理论的国际化，为世界反贫困提供理论助力。

（二）借鉴国际反贫困理论，助力中国乡村振兴

中国在历史性解决绝对贫困问题后，需要进一步巩固拓展脱贫攻坚成果，着力提升低收入人口收入，推动欠发达地区发展。而国际反贫困理论大多脱胎于发达国家社会实践，其理论对于化解低收入人口问题具有较强的通用性与借鉴性。

例如，包容性理论旨在消除个体机会的不平等，特别是缩小社会不同群体之间的收入差距，提高社会收入结构的均衡程度。其本质上是要消除相对贫困，倡导社会机会平等，使全社会各阶层能够共享经济发展成果，使人们能公平地享有经济增长所带来的经济机会，使弱势群体得到保护，享有参与经济政治生活的权利，同时免受风险的危害。在实现包容性发展的同时，也需要提升市场活力与社会效能，即充分发挥社会市场作用。社会市场理论是指将市场的原则和技术用于创造和沟通以及传递价值来影响目标群体的行为，使其有益于社会（公共卫生、安全、环境和社区）以及目标群体。

社会市场理论是在遵循市场经济规律的同时，辅以经济保障的经济制度，即在保留以个人权利和自由为基础的市场效率的同时，用"社会"来统一不

同群体和规制市场经济，实现社会合作与团结，进而达到共同富裕。通过维护公平自由的市场竞争秩序、减少垄断，以提高经济运行效率，充分发挥市场在资源配置中的决定性作用。形成劳资双方之间的社会伙伴关系，积极谋求共同利益，协调社会各大主要建设力量，解决利益冲突，实现经济效益与社会利益的有机结合。依据经济发展水平和财政能力提供适度的社会保障，发展多元福利制度，实现福利制度国有化基本属性与部分社会保障项目私有化发展相结合，积极发挥社会组织与私营企业的作用。

此外，社会投资国家理论提出，在任何可能的情况下，要投资于人力资本，而不是直接给予利益。面向低收入人口的社会政策应从事后补救转向积极的事前预防，保护其抵御劳动力市场的诸多风险，并将资源进行重新分配，通过鼓励个人自立来激发个人能力和潜能，注重对弱势群体的教育、技能培训，促进机会平等，增强抵御市场风险的能力，实现低收入人口的生计系统的良性循环。

（三）中国低收入人口支持和帮扶理论的创新

中国通过脱贫攻坚消除绝对贫困，但发展不充分不平衡问题仍然显著，低收入人口的支持帮扶政策与欠发达地区发展理论也需要进一步完善优化。目前总结的中国反贫困理论对于破解贫困难题发挥了重要作用，但由于该理论主要基于过往实践形成，因此存在理论的阶段性特征与有限性特点。与此同时，国际反贫困理论多数脱胎于发达国家的政策实践，且国际反贫困理论往往与发展理论、社会保障理论密切贯通，呈现出彼此交叉的特点，在一定程度上可以为中国未来理论发展提供有益借鉴。

鉴于此，中国应在学习借鉴国际广义反贫困理论的基础上完善创新中国低收入人口支持和帮扶理论，以进一步支持低收入人口发展，进而推动实现共同富裕。第一，构建适应性社会保障体系，提升社会保障减贫的基础水平。第二，促进积极、发展性和多样化的社会支持帮扶政策供给。第三，完善劳动力市场政策，加强对劳动者的就业和失业保护。第四，统筹农村支持帮扶政策体系建设，强化农户资产和能力建设。

第一章　国际反贫困与发展理论概述

国际反贫困与发展理论是在学术研究与国际减贫实践中产生的，这些理论对贫困的概念与成因进行了详尽分析。其中，学术研究形成的反贫困与发展理论主要集中在经济学与社会学领域，这些理论的理论性与经典性强，为后期的减贫研究和实践奠定了坚实的理论基础。而在国际减贫实践中产生的反贫困与发展理论则具有更强的时效性和政策启迪，体现了学术研究与政策实践的紧密结合。在此基础上，本书概述了各理论范式关于贫困概念与成因的观点，并尝试从学术研究和减贫实践两个维度对国际反贫困与发展理论进行综述。

第一节　学术研究中的国际反贫困与发展理论

基于学术研究产生的国际反贫困与发展理论主要从经济学和社会学的视角综合探讨了贫困概念以及贫困产生原因，并有明显的理论流派区分。在不同理论流派之中，各理论呈现出明确的流派特点和主张，在结论逻辑上也呈现出明显的递进关系，具有很强的启发性。

一、18～19 世纪的贫困概念与成因分析

（一）古典经济学视角

贫困概念的构建和分析范式历来是贫困研究的核心内容。伴随世界减贫实践的发展与贫困理论研究的演进，贫困的概念和内涵也处于不断的发展和演变之中。从历史发展的角度看，对贫困的研究起源于 18 世纪的古典经济学研究，代表人物如威廉·配第、亚当·斯密、大卫·李嘉图、托马斯·罗伯特·马尔萨斯，以及弗朗斯瓦·魁奈、西斯蒙第等。古典经济学的代表人物大多反对国家干预贫困，认为贫困是个人懒惰的恶果，穷人加重了国家与社会的负担，应

该令其自生自灭。

（二）国家福利主义视角

19 世纪初，早期空想主义以及杰里米·边沁和约翰·密尔的功利主义思想出现。同时，空想社会主义得到进一步发展，罗伯特·欧文、克劳德·昂利·圣西门、夏尔·傅立叶等空想社会主义者系统阐述了空想社会主义的福利思想。19 世纪中叶，马克思、恩格斯在此基础上发展了无产阶级贫困与反贫困理论，从批判制度的角度解释贫困。而资本主义国家的中产阶级群体也展开了一系列社会贫困调查，认为贫困不会随着资本主义经济繁荣而消失。这些思想都为国家福利主义视角的贫困观念的产生奠定了基础。

19 世纪末，包括新自由主义、费边社会主义在内的国家福利主义贫困与反贫困思想涌现。一是新自由主义思想，代表人物包括托马斯·希尔·格林、伦纳德·霍布豪斯、约翰·霍布森。新自由主义认为是制度导致了贫困问题，呼吁国家干预社会经济生活，进行国家减贫。二是费边社会主义，代表人物包括悉尼·韦伯和比阿特丽丝·波特·韦伯。他们强调，国家济贫是大势所趋，消除贫困是国家的责任。受到上述国家福利主义思想的影响，一系列资本主义国家在进入 20 世纪后纷纷建立了国家社会保障制度，通过国家主持收入再分配，满足低收入群体的广泛要求。

二、20 世纪经济学研究形成的反贫困与发展理论

20 世纪 50 年代后，经历过第二次世界大战的西方国家以及新兴国家都面临振兴经济、摆脱贫困的发展问题。经济学领域学术研究形成了一系列反贫困与发展理论，主要包括区域发展理论、均衡增长理论、结构主义理论、人力资本理论、家庭经济理论等。

（一）区域发展理论

20 世纪 60 年代后，有关区域发展与贫困问题的研究扩展到国家及区域间的比较层面，出现了区域发展理论。该理论流派认为贫困问题存在于世界范围与国内区域范围，代表理论包括三个。一是美国经济学家伊曼纽尔·沃勒斯坦的"世界体系理论"。该理论认为，资本主义世界经济是一个由"中心—半边缘—边缘"国家构成的体系，发展中国家的贫困是由中心国家的不合理扩张以及体系内不平等分工与交换导致的（舒建中，2002）。二是由拉美学派学者

（如劳尔·普雷维什、萨米尔·阿明、安德烈·冈德·弗兰克、保罗·巴兰、保罗·斯威齐等）提出的"依附理论"。该理论认为，世界经济体系中存在"中心"国家与"边缘"国家，由于不平等的国际分工，"边缘"国家依附于"中心"国家，陷入了长期贫困（阿明，1990）。三是法国经济学家弗朗索瓦·佩鲁的"增长极理论"。该理论认为，增长极是能够引起经济增长的单元，发展中国家无法实现平衡发展，只有通过选择特定地理空间作为"增长中心"优先发展，带动其他区域发展，才能够脱离贫困（安虎森，1997）。

（二）均衡发展理论

20 世纪 50 年代，新兴独立国家面临经济重建与摆脱贫困的重大问题，发展经济学随之兴起。在发展经济学的框架下，均衡发展理论将资本不足导致的低收入水平视为发展中国家贫困的根本原因，进而针对各行业的大规模投资是解决问题的方法。代表理论有四个。一是 1943 年由奥地利经济学家罗森斯坦·罗丹提出的"大推进理论"。该理论认为，由于生产、需求、储蓄具有不可分性，因此发展中国家需要同时对国民经济的各产业部门进行大规模投资，才能减缓贫困，促进经济均衡增长（Hicks and Leibenstein，1959）。二是美国经济学家罗格纳·纳克斯于 1953 年提出的"贫困恶性循环理论"。该理论认为，在发展中国家存在低收入、低储蓄、低资本存量之间，以及低收入、低投资、低市场容量之间的贫困恶性循环，而打破恶性循环则需要扩大对各工业部门的投资，增加储蓄，提高市场需求（陈建勋，1988）。三是美国经济学家纳尔逊于 1956 年提出的"低水平均衡陷阱理论"。该理论认为，国内人均实际收入的低水平限制了储蓄和投资，导致了低水平均衡状态，而一般状况的国民收入增加会导致人口增长，将人均收入拉回低水平均衡状态。因此，只有进行大规模投资，使投资和产出的增长超过人口增长，才能冲出"陷阱"（Nelson、李德娟，2006）。四是美国经济学家莱宾斯坦于 1957 年提出的"临界最小努力理论"。该理论假定人口增长率是人均收入水平的一个函数，当人均收入维持在低水平时，人口增长率也在低水平。随着人均收入增长，人口增长率也随之增长，导致贫困现状持续。而当人均收入增长达到一个临界点时，人口增长率会下降，经济增长才会获得新动力。因此，发展中国家要摆脱贫困，需要引入外部投资，使国内投资率达到"临界最小努力"水平（姜汝祥，1992）。

（三）结构主义理论

20 世纪 50 年代后，均衡发展理论在发展中国家的实践受阻，结构主义理论流派应运而生。该理论流派将一国经济分为不同构成部分，通过结构解剖解释贫困，关注通过经济非均衡发展摆脱贫困的路径，代表理论有四个。一是美国经济学家威廉·阿瑟·刘易斯的"二元经济结构模型理论"。该理论认为，发展中国家存在一个二元经济结构，由传统农业经济部门和现代城市工业部门构成，后者对前者剩余劳动力的吸收能够促进前者农业生产率提高，实现国民经济增长。发展中国家摆脱贫困，需要开发国内市场，发展民族工业，提高农业部门生产率（张焕蕊、吕庆丰，2008）。二是德国经济学家阿尔伯特·赫希曼的"经济增长不平衡模式理论"。该理论将一国经济部门分为主导部门和辅助部门两类，认为两者之间存在"联系效应"，主导部门的发展具有"后联系效应"，能够带动辅助部门发展，因此发展中国家应采取不平衡发展战略，优先投资于制造业、社会基础设施部门等，以脱离贫困状态（黄继忠，2001）。三是瑞典经济学家冈纳·缪尔达尔的"循环积累因果理论"。该理论认为，社会经济发展是政治、经济、制度、文化、习俗等多种因素相互影响、动态演化的过程，发展中国家的贫困并非纯粹经济问题，需要综合的减贫项目运作体系帮助其摆脱贫困（尹伯成，1987）。四是美国著名经济学家西蒙·史密斯·库兹涅茨的"增长、不平等与贫困理论"。该理论的重要内容是收入分配状况随经济发展过程呈"倒 U 形曲线"，即收入分配的不平等状况会在经济发展过程早期加剧，在后期减小。一些发展中国家处于贫困状态，是由于其收入不平等状态长期没有减缓（Kuznets，1955）。

三、社会学研究形成的反贫困与发展理论

20 世纪中后期，伴随经济学领域贫困与反贫困理论研究的发展和盛行，社会学研究开始从个人和结构的视角关注贫困和贫困的消除，进一步丰富了贫困研究的理论和内容，成为国际贫困与反贫困理论研究的重大转向。主要理论流派更多地从社会学的视角解释贫困发生的原因。按照其对贫困发生原因分析这一角度，具有代表性的理论包括以奥斯卡·刘易斯提出的贫困文化理论、海曼·罗得曼的贫困处境论等。

（一）贫困文化理论

贫困文化理论产生于 20 世纪中期，最初由美国人类学家奥斯卡·刘易斯在《五个家庭：关于贫困文化的墨西哥人实例研究》一书中首次提出。贫困文化理论认为，由于穷人长期生活在贫困状态中，其形成的特定生活方式、行为规范、价值观念构成了独特的贫困文化。贫困文化有四个层次的含义。其一，贫困文化是一种亚文化。它区别于主流社会文化，这种文化为贫困存续提供条件。其二，贫困文化具有非物质性。它是贫困阶层行为方式、习惯、风俗、心理定式、生活态度、价值观的总和。其三，贫困文化与贫困经济相互关联。贫困文化根源于贫困的经济，又能够促使经济的贫困。其四，贫困文化具有代际传递性。相对于物质文化，贫困文化的变迁更加具有滞后性（Woods，1960）。

（二）代际传递理论

20 世纪 50 年代后，受到贫困文化理论对贫困代际传递研究的启发，贫困代际传递理论进一步发展，诸如马克斯·韦伯、布劳、邓肯、安东尼·吉登斯等社会学家都对代际传递理论进行了讨论。该理论关注代际收入的相关性，以此为依据讨论贫困的条件和因素在家庭内部从父代传递至子代的问题。该理论的主要观点包括三个。一是阶级或阶层会导致贫困代际传递差别。例如，在资本主义国家，资产阶级的权力和经济优势能够传递给下一代，无产阶级也会把地位劣势和贫困传递给下一代，而在社会主义国家，地位优势仅能够通过后天努力和教育获得。二是贫困代际传递与生命周期紧密关联。贫困家庭的儿童在生命周期的早期缺失营养、教育，进入成年后则更加容易面临失业和健康问题，陷入贫困境地，进而导致其在老年时期陷入困境。三是贫困代际传递的影响因素识别。文化行为、福利政策、福利依赖、家庭结构、遗传、教育、健康、社会网络均是能够影响贫困代际传递的重要因素（李晓明，2006）。

（三）社会结构理论

20 世纪 50 年代后，社会学家开始从社会制度、社会结构来探究贫困产生的原因，进而产生了社会结构理论。该理论主要关注贫困与社会结构、生产关系之间的联系，探讨贫困产生的原因，最早可以溯源到马克思主义贫困理论。其主要理论观点包括两个。一是美国社会学家赫伯特·甘斯的功能主义观点。该观点认为，贫困及贫困阶层的存在承担了社会特定分工，具有其合理性，偏

向于维护贫困的存在（周怡，2002）。二是美国社会学家格尔哈斯·伦斯基的
冲突主义观点。该观点认为，贫困者之所以陷入贫困，主要是由于他们所拥有
的资源很少。贫困是社会阶层利益斗争的产物，只有从社会的冲突结构中寻找
利益联结，才能解决贫困问题（Lenski et al.，1984）。

（四）贫困情境理论

20 世纪 60 年代以后，贫困文化论开始受到社会学界的批判和反驳。以查
理斯·A. 瓦伦丁、海曼·罗德曼以及 L. 戴维森等一批社会学家为代表的贫困
处境论研究开始产生并发展。贫困情境理论反对"永久性贫困文化"的观点，
认为贫困是社会转型的产物，而穷人是社会情境适应过程的弱势者、失败者与
被排斥者。该理论讨论了两个方面的问题。一是贫困群体的产生是由于其对社
会转型适应的缺失。社会转型剥夺了穷人的资源和生活，导致其无法达到主流
价值要求（Hunt, Rainwater and Yancey, 1968）。二是使贫穷者陷入贫穷的根
本原因是其所处的情境。贫困群体贫困文化的实质是其对处境的应对，因此政
府改善穷人的教育、经济、生活质量能够改变其贫困文化（周怡，2007）。

第二节　国际减贫实践中的国际反贫困与发展理论

尽管国际减贫的学术理论发展繁荣，但学术理论的目标之一是指导政策制
定。许多理论并没有很好地被政府采用，呈现出理论与实践"两张皮"的状
况，而国际组织对其中部分经典理论的政策转换与政策实践改善了这种情况。
因此，为识别能够真正指导政策实践的国际反贫困与发展理论，本书梳理提炼
了国际组织广泛采用的反贫困与发展理论，介绍其基本概念、主要观点以及政
策启示。

一、微观视角下的反贫困与发展理论

20 世纪 60 年代以后，作为对全球人口问题、贫困问题、环境问题日益凸
显而做出的一种回应，大量国际性或区域性的民间组织不断兴起和发展，成为
减贫实践和理论的生产载体，形成了一大批具体的、微观的贫困与反贫困
理论。

（一）社会排斥理论

20 世纪 60 年代，伴随欧洲社会模式的提出和发展，社会排斥理论开始出现。社会排斥理论认为，贫困不仅指收入低微与人力资本不足，还表现为个体面对外部冲击时的脆弱性、缺少发言权以及被社会排斥在外。该理论的主要观点包括三个层次。一是以美国学者萨缪尔·亨廷顿为代表的社会歧视论，即从文化现象的角度定义社会排斥，从社会歧视的角度解释贫困问题。例如，这种观点认为美国黑人的贫困是白人种族歧视的后果。二是以法国经济学家勒努瓦为代表的社会排斥论，即将社会排斥视为一种权益的限制，认为贫困人口被排斥在社会权益的边缘，由于难以获得政治、教育、公共事务管理等领域的权益，其贫困状况进一步加剧（Wilson，1987）。三是以英国学者 K. 约瑟夫为代表的文化剥夺论。该观点与文化贫困理论的主张相似，认为家庭行为是贫困传递的途径。要减少贫困，就需要把穷人纳入主流文化，改进其家庭行为，消除贫困文化中的剥夺因素。

社会排斥理论目前已经被欧盟、世界银行广泛关注（熊光清，2008）。其在政策层面提供的启迪包括三个方面。一是建立识别遭受社会排斥群体的机制。在社会快速转型过程中，不断增加对残疾人、老年人、失业者、少数族裔等群体的关注。二是通过完善社会保障体系，覆盖更多受排斥群体。通过社会保障与福利政策，尽可能为受到社会排斥的群体提供生活支持。三是通过减少社会排斥，促进社会融合。将减少社会排斥，增强社会融合程度的目标纳入政策制定。

（二）参与式发展理论

20 世纪六七十年代，西方一些发展援助机构通过社区发展过程，使当地人纳入改进社区的活动中，参与式发展理论应运而生。参与式扶贫理论关注微观社区层面的减贫实践，强调关键利益相关群体的参与和赋权，主要理论观点包括三个。一是最早由美国社会学家 F. 法林顿提出的社区发展理论。该理论认为，减贫项目应该以社区为中心，考虑到项目利益相关群体对于尊重、平等、信任以及集体认同感的精神需求，充分运用社区本地人的知识和技能（李小云，2001）。二是世界银行等国际发展援助组织广泛使用和推广的参与式发展理论。在参与式发展项目中，贫困人口需要进行自组织，确定自身需求，设计、实施、评估发展项目，参与决策、参与资源分配，使发展项目更具合理性（Oakley and Marsden，1984）。三是最早由美国学者巴巴拉·所罗门提出的赋权理论。在扶贫过程中，参与项目的个体、组织能够对其公共事务获得控制与领导，并在此过程中提升正向的自我认知，同时获得更多政治资源和社会资源，赋权的途径一般包括教育赋权和信息赋权两种（陈树强，2003）。在参与式扶贫理论的指导下，在世界的减贫实践中已经形成了一套成熟的参与式方法，指导发展项目、发展研究的开展。

（三）人力资本理论

20 世纪 70 年代，经济学家西奥多·W. 舒尔茨在美国经济学年会上首次提出了人力资本理论。随后，许多经济学家和社会学家对其进行了深入的研究和拓展，为发展中国家的反贫困实践提供了重要启发。该理论流派关注人力资本这一经济要素对贫困的影响，认为人力资本是劳动者知识、技能、健康的总和，这些因素对经济的增长作用大于物质与劳动力数量的作用。一些发展中国家难以摆脱贫困，是因为其人力资本匮乏，且缺少对人力资本投资的重视。这一理论流派主要包括两个代表理论。一是舒尔茨"改造传统小农经济理论"。该理论认为，传统农业具有"贫穷但有效率"的特征，改造传统农业，需要引入新的生产要素，如新技术和品种，同时对农民进行教育和培训，并提升其健康水平（舒尔茨、吴珠华，1990）。二是美国经济学领域的研究者罗默、卢卡斯等提出的新增长理论。该理论认为，技术进步、知识与专业化是经济增长的重要动力，国与国之间的贸易能够促进知识、技术、人力资本的流动，使得参与贸易的国家的人力资本水平提升，摆脱贫困（赵达薇、李非非，2008）。

二、综合视角下的反贫困与发展理论

从第二次世界大战结束到 20 世纪 70 年代，贫困概念逐渐从"收入和物质的匮乏"向多元化的"权利和机会受到剥夺""发展自由缺乏"转变，随着贫困内涵不断扩展，贫困分析框架以及反贫困理论范式也随之更新，形成了以布迪厄、格兰诺维特等的社会资本理论以及阿马蒂亚·森的权利贫困理论为代表的综合视角反贫困与发展理论。

（一）权利为基础的反贫困理论

20 世纪 70 年代，印度经济学家阿马蒂亚·森在其一系列著作中提出了贫困的权利分析方法，进一步丰富和拓展了贫困的概念。权利贫困理论最初从贫困中的具体饥饿问题进行分析，认为饥饿不是粮食问题，而是粮食与人的关系问题，饥饿现象是人类关于食物所有权的反映，进而认为在分析普遍的贫困问题时，也需要加入权利体系的视角，关注所有权模式、交换权利、生产方式、经济等级结构对贫困的影响。其具体观点包括三个。其一，权利贫困的一般性。权利体系对饥饿乃至贫困问题的影响是一般性的，这种影响在法律体系不健全的区域（如存在非法物资转移的区域）可能失效。其二，区分权利贫困与经济贫困。无论经济繁荣或是衰退，饥荒和贫困都有可能发生，即在争夺市场控制或支配权力的斗争中，一部分人会因为另一部分人的繁荣而受损。其三，识别贫困人口能够直接掌握的权利。例如，在分析具体的饥饿问题时，应区别粮食供给与对粮食的直接权利，前者指一个经济中存在多少粮食，后者指一个粮食生产者有权直接消费多少由他自己生产的粮食。

诸如世界银行等国际组织均在推广和传播权利贫困理论方面做出了贡献。权利贫困理论在政策上的启迪包括三点。一是政府首先应关注到权利问题的存在。应加强对穷人基本权利的重视，通过规范其合法权利来解决其面临的贫困问题。二是政府可以通过权利方法解决经济问题。通过改善法律体系，抵消其他相关因素（如市场力量）对贫困人口权利可能带来的负面影响。三是增进贫困人口的直接权利。政府应赋予贫困人口对基本生活必需资源的直接支配和控制能力。

（二）能力贫困理论

阿玛蒂亚·森关于能力贫困理论的观点集中体现在其1999年出版的《以自由看待发展》这一著作中。能力贫困理论拓展了贫困的概念，认为贫困同时与穷人和富人的利益相关。穷富差别的出现是个体获取和享有正常生活能力的差别导致的，贫困的真正含义是贫困人口创造收入的能力和机会的贫困。能力贫困理论的核心观点有三个。一是实质自由，个体应拥有做自己认为有价值的事的自由。二是可行能力，即个体实现自己认为有价值事项的各种可能活动的组合。三是实质自由，能够提升贫困人口的可行能力。例如，通过改善贫困人口的政治自由、经济条件、社会机会、信息公开、社会保障条件，可以拓展人们的可行能力。

许多国际组织也为能力贫困理论的传播和应用做出了贡献。例如，联合国开发计划署在人类发展指数中运用了能力贫困理论的思想（王三秀、罗丽娅，

2016）。从政策启迪的视角看，能力贫困理论为减贫政策的制定带来了五个方面的启迪：一是应为贫困人口提供政治自由。赋予贫困人口民主投票、民主决策、言论自由等权能。二是应为贫困人口提供经济条件。改善贫困人口获取消费、生产、交换方面经济资源的机会。三是为贫困人口提供社会机会。改善贫困人口在教育、医疗等方面的条件。四是提高面向贫困人口的信息透明度。满足贫困人口对信息公开的需求，保证贫困人口能够参与信息公开的自由市场交易。五是为贫困人口提供防护性保障。构造一个社会安全网，防止贫困人口受到各种突发风险的冲击陷入绝境。

（三）可持续生计理论

可持续生计的理论分析框架形成于 20 世纪 70 年代以后，如舒尔茨、诺曼·厄普霍夫、罗伯特·钱伯斯等学者均对该理论框架的构建与发展做出了重要贡献。可持续生计理论是为贫困设计多种解决方案提供指导的重要理论，也是一种可以掌握生计复杂性、理解生计贫困影响、识别有效干预措施的工具和方法。该理论肯定农民在生存策略选择中的智慧，将农民本身看作是农村发展的重要资源，认为改善农民生计需要政府的支持和引导。其主要观点包括三点。一是物质层面的可持续生计。穷人应具备维持基本生活的食品、现金以及其他资产。二是能力层面的可持续生计。穷人应具备有效的谋生方式，且这一谋生方式能够应对外部打击和压力，增强其现有资产，同时不损害自然资源基础。三是多维度的可持续生计。理想的可持续生计应该在减少贫困、促进经济、改善制度、社会参与等多个维度发挥作用（Chambers and Conway，1992）。

国际组织在实践中发展了可持续生计理论，为其创新和传播做出了贡献。例如，联合国开发计划署的可持续生计框架指标体系包括五个维度：可持续生计政策投入资源，来自可持续生计政策的实物产品和服务，产出被享用的程度，人们生活得到改善的程度，利用投入以获得产出的路径。美国援外合作署（CARE）则将对农户的生计发展干预分为供给、保护、促进三个层次，并且将农户的生计系统界定为三个要素：拥有的能力、有形和无形的资产、经济活动。英国国际发展署（DFID）设计的可持续生计框架应用范围最广，主要包括：脆弱性背景、生计资产的性质与状况、结构与制度、生计策略的类型、生计结果五个部分。此外，该框架将以人为中心、响应和参与、多层次、可持续等作为可持续生计框架的原则（Roberts、杨国安，2003）。可持续生计框架的政策启迪体现在三个方面：一是减贫干预应关注并改善穷人的资产状态；二是应用积极态度审视穷人，肯定其解决生存问题的办法；三是通过综合的方式实现可持续生计的改善，综合考虑社会、制度、政治、经济和自然环境等维度进行生计发展干预。

（四）社会资本理论

20 世纪 80 年代以来，社会资本在减轻农村贫困中的作用逐渐成为发展经济学家和社会学家关注的热点。学术界一般认为，利达·汉尼范和雅各布斯最早对社会资本进行了研究，布迪厄则正式提出了社会资本的概念。之后，包括亚历杭德罗·波提斯、林南、马克·格兰诺维特等在内的一批社会学家，以及诸如方丹、福山、劳里、科尔曼等经济学家均对社会资本理论的发展做出了贡献。社会资本理论认为，个人获取资源的一个关键渠道是社会关系网络，而社会资本正是通过社会网络获取的资本，这种资本与传统减贫理论讨论的自然、物质、人力等资本同样重要（Ostrom，2000）。社会资本理论的主要观点有三个。一是社会资本嵌入理论，具体指个体能够通过拥有特定成员身份，嵌入组织、网络等社会结构，通过互惠行为建立信任，获取短缺资源，改善生存现状（周晔馨、叶静怡，2014）。二是社会资本欠缺，指个体由于缺少合适的投资渠道和机会而陷入不利的发展状况，而渠道和机会的缺乏本质上是社会资本的欠缺（Lin and Press，2001）。三是社会资本影响人力资本发展。具体而言，社会网络作为一种社会环境，能够从义务、期望、信息、规范、惩罚、权威等维度对个体施加影响，改变其天生的人力资本状况（Coleman，2000）。

三、反贫困与发展理论的反思与创新

20 世纪 80 年代以后，信奉西方发展主义的欠发达国家并没有像理论预测的那样实现全面的现代化，加之西方国家面临自身发展危机和后现代主义思潮的冲击，一些学者开始对传统发展主义展开理论反思和实践批判，形成了包括多维贫困理论、多元发展理论等在内的一系列理论，重塑了减贫与发展的价值导向与目标。

（一）多维贫困理论

20 世纪中后期，随着社会排斥、权利贫困、能力贫困等多维贫困理论产生和发展，多维贫困测量研究开始发展，产生了多维贫困理论。多维贫困理论关注于贫困的测量，从多个维度补充了以收入为标准的贫困测量方法，如权利、能力、闲暇等（张全红、周强，2014）。在多个维度中，最新测度贫困理论视角包括三个。一是20世纪70年代荷兰学者首先提出的主观贫困。主观贫困是指，在特定环境与群体比较中，个体和社会所接受的最低生活标准构成的主观判断（左停、杨雨鑫，2013）。二是布拉德利·格林伯格、布伦达·德尔文、马斯·奇尔德斯、埃尔夫瑞德·查特曼等人提出并发展的信息贫困。信息贫困指身处于贫困的人自认为缺乏任何能够帮助其摆脱贫困的信息源，因而陷入信息隐秘、信息欺瞒、拒绝分享信息、仅接受情形相关信息的状态（Chatman，1991）。三是20世纪90年代世界银行开始关注的空间贫困。该视角将贫困与地理空间因素共同讨论，将贫困分布、生态、气候、环境、距离、基础设施、公共服务等要素纳入"地理资本"概念，认为地理资本是影响贫困的重要因素（Jalan and Ravallion，1997）。

基于多维贫困的理论视角，许多国际组织探索出了改进贫困测度政策实践。例如，联合国开发计划署提出能力贫困测度（Capability Poverty Measure）及人类贫困指数（Human Poverty Index），纳入了社会福利水平维度。再如，联合国开发计划署与英国牛津贫困与人类发展中心（OPHA）设计了多维贫困指数，反映贫困个体或家庭在不同维度上的贫困程度。该指数涵盖了健康、教育、生活水平三大维度。基于空间贫困视角，联合国粮农组织利用地理信息系统建立了地理空间框架，用以分析贫困与周围环境之间的关系（张秀艳、潘云，2017）。多维贫困理论带来的政策启示包括三点：一是测量贫困的维度应该多元化；二是测量贫困的方法应该具体化；三是测量贫困的维度应该随技术发展而不断更新。

（二）包容性发展与反贫困理论

20世纪80年代以来，随着新发展主义思潮的出现，多元发展理论逐渐发展起来。多元发展理论关注减贫与发展价值的多元化，主张将人的发展、价值和需要作为发展与减贫实践的目的，包含了一系列新的发展理论，并且由具有影响力的国际组织推广与实践，代表理论有三个。

一是20世纪90年代由世界银行、亚洲开发银行等国际组织倡导的益贫式增长理论。该理论指出，既要关注发展的速度，也要关注发展的质量，通过合理制度安排，使穷人与低收入群体分享发展成果，改善社会不平等状况。其核心观点有三个。其一，益贫式增长强调贫困人口需要从经济增长中获得收益。其二，贫困人口在益贫式增长中的获益必须有明确界定，如能够参与市场，获得公共服务等。其三，益贫式增长最终应被制度化，成为一种模式化的发展战略与发展政策（周华，2008）。许多国际组织将益贫式增长作为其实施发展项目的支柱和纲领，例如，世界银行、联合国、经济合作与发展组织、开发援助委员会减贫网络、亚洲开发银行等均对益贫式增长的概念、概念修正、战略维度做出了界定（北京师范大学中国扶贫研究中心课题组、张琦和胡田田，2015）。在政策层面，益贫式增长的理念逐渐被纳入宏观经济稳定、贸易、小额信贷、教育、健康、环境等政策领域，指导各领域政策在注意从增长中获利的同时，保证改善收入分配，减少贫困。

二是21世纪初由亚洲开发银行、世界银行所倡导的包容性增长理论。该理论指出，要在发展过程中解决特定群体和个人的权利缺失与社会排斥问题。其核心观点主要有三个。其一，权利获得。贫困人口应当获得共享发展的成果的权利和渠道。其二，机会平等。各社会阶层与群体共享发展成果的机会是均等的。其三，普惠福利。社会成果共享以普惠的社会福利形式体现（杜志雄、肖卫东和詹琳，2010）。包容性增长的概念起源于联合国的千年发展目标，首次出现于亚洲开发银行的研究报告中。包括亚洲开发银行、世界银行等在内的国际组织和政治共同体均在其发展战略、工作方案中纳入包容性增长的理念（高传胜，2012）。在政策层面，包容性带来的启示包括三个公平。其一，培育和提升人力资本，使民众获得人力资本价值公平。其二，增强制度设计、制定的公平性，使民众获得市场竞争环境公平。其三，建立公平的社会保障体系，使民众获得社会保障公平。

三是20世纪80年代由国际自然资源保护联合会、联合国环境规划署首先倡导的绿色减贫增长理论。该理论指出，在发展过程中对资源环境进行保护，不危害后代人满足其需求。其核心观点包括三个。其一，绩效观念更新。绿色增长的绩效体现在资源环境可持续性的提升。其二，发展规模有度。绿色增长强调对资源环境的适度开发，保护后代人发展的能力。其三，关注绿色贫困。通过绿色增长解决绿色贫困问题，发展绿色经济（张晓颖，2014）。绿色增长理论也已经被国际组织广泛使用，联合国环境规划署、经济合作与发展组织、世界银行等国际组织均曾对绿色增长进行了阐释和界定（明翠琴、钟书华，

2013）。从政策制定的角度看，绿色增长理论的启示包括三个：其一，政府在发展过程中应关注绿色贫困问题，协调经济增长、减少贫困与环境破坏之间的矛盾，关注生态环境脆弱地区的穷人和弱势群体。其二，政府应探索绿色减贫道路，实施可持续的、环境友好的减贫项目，保护资源环境。其三，政府在减贫项目过程中应将生态环境作为可利用的扶贫资源，通过有效开发，实现有利于减贫的绿色增长。

（三）社会质量理论

20世纪90年代，为对抗新自由主义经济趋势以及社会政策日益成为经济政策附属和工具的现象，欧洲一些社会科学家和政策分析者（如沃尔夫冈·贝克）提出了社会质量的概念和理论。社会质量理论认为，社会质量是公民参与的程度，具体而言，是公民在能够提升其福利状况、个人潜能的条件下，能够参与社区社会、经济生活的程度，即社会质量。社会质量理论认为个体具有社会性，个人的自我实现是在集体认同中完成的，个人的自我实现与集体认同之间相互依赖、互动。其核心观点包括三个：一是社会质量具有建构性，即社会质量包含了人力资源建设的维度，提升社会质量需要提高社会中个体在个人安全、社会认可、社会回应、个人能力四个方面的水平；二是社会质量具有规范性，即社会质量应该包含意识形态维度，提高社会质量需要改善社会正义、平等、团结和人的尊严四个方面的水平；三是社会质量具有条件性，即社会质量的改善需要一系列制度保障，提升社会质量首先需要改善社会经济保障、社会包容、社会凝聚和社会赋权四个方面的状况（张海东，2011）。

国际组织对于社会质量理论在减贫领域的传播与发展发挥了重要作用。例如，国际社会福利委员会（ICSW）、欧洲反贫困网络（EAPN）等国际非政府组织都曾参与社会质量的调查及政策建议，也形成了一系列评估指标，进一步推动了其在反贫困问题领域的研究和应用（张海东、石海波和毕婧千，2012）。具体而言，社会质量理论在政策层面带来了四个方面的启示。一是改善贫困人口的社会经济保障状况。在减贫项目中，应重点在收入、就业、住房、教育等方面为贫困人口提供社会福利保障。二是应提升社会对贫困人口的包容程度。在制定减贫政策时，应纳入社会公正理念，改进社会制度体系，增强其对贫困人口的包容性，促进其社会融入。三是应促进对贫困人口的社会赋权。通过减贫项目，促进社会成员潜能发展，满足其社会条件，如促进其社会事务参与，增进其社会资本等。四是应改善社会团结状况。通过减贫项目，改善社会规范、社会信任状况，提升社会凝聚力。

（四）治理理论

20 世纪 90 年代，伴随新公共管理运动以及公民社会的兴起和发展，理论界开始重新反思政府与市场、政府与社会的关系，并产生了重要的治理理论，如詹姆斯·罗西瑙等学者对治理进行了界定。治理理论认为，在解决社会公共问题时，经常会出现政府和市场同时失灵的状况，此时需要引入"第三只手"，即社会组织的力量，进而在解决社会公共问题时更加高效化、合作化。其核心观点包括三个。一是市场机制无法单独解决公共问题。例如，减贫作为一项重要的公共干预事项，对于市场主体来说并不具有利润空间，导致许多市场主体不愿参与减贫，因此贫困地区市场主体发育不完全、市场体系建设滞后，存在交易费用高和市场分割等特点，导致减贫领域的市场失灵，贫困人口不能从市场中获益（黄林、卫兴华，2017）。二是传统政府管理体制对于公共问题的解决效果欠佳。例如，在传统政府主导的减贫实践中，政府以自上而下的管理方式对社会进行管制，可能造成减贫政策"一刀切"的问题，缺少对于贫困群体多样需求和自身管理能力的回应和考虑。三是强调社会组织与市场、政府合作治理公共问题。例如，在减贫领域，社会组织可以弥补政府在人力资源方面的不足，降低政府减贫成本，更精准地对接贫困人口需求并提供有效服务，还可以增强对减贫项目的监督，促进政府减贫资金在使用过程中的公平与公开。

许多国际组织都在倡导和实践治理理论的主张，例如，全球治理委员会倡导"各种公共的、私人的个人和机构参与管理其共同事务"。世界银行提出，应将治理看作一种"由多数协议形成的规范系统，这一系统包括各种政府间组织以及由非政府组织或跨国公司所推动的非正式调节程序"（俞可平，2001）。治理理论带来的政策启迪有三点。一是贫困问题需要政府、市场、社会组织多方合作解决。政府在制定减贫政策时，需要引导市场和社会主体共同解决贫困问题。二是政府应主导建立多主体合作减贫的制度。政府应为参与贫困治理的各方主体设定共同目标，建立合作、协商的伙伴关系与合作制度。三是政府需要放宽对参与减贫社会组织的微观管制。社会组织已经成为国家中重要的第三部门，其动员社会资源的能力以及政策倡导的功能不可忽视，政府需要减少对社会组织的不必要的微观管制，促进官方的贫困治理体系和社会组织管理体系进行有机融合。

（五）资产建设理论与家庭经济理论

20 世纪 90 年代，面对美国福利政策的困境，经济学家迈克尔·谢若登提出了资产建设的概念，打破了传统福利政策领域以收入为基础的救助政策和救助思路。资产建设理论认为，应将资产作为减贫政策、福利政策的新参照系，使其成为收入参照的重要补充。资产包括货币、股票等有形资产，以及人力资本、经济关系等无形资产。减贫与福利政策应有利于贫困人口的资产积累。资产建设理论的观点已经被国际组织接受。美国国际发展总署提出，以资产建设为基础的减贫策略符合可持续生计的原则，能够降低贫困人口遭遇的风险，增强其适应性（谢若登、高鉴国，2005）。从政策视角看，资产建设理论对制定减贫政策的启发体现在三个方面。一是政府需要引导贫困人口增加其资产积累，而非简单增加其收入与消费。二是为贫困人口建立资产账户，激励贫困人口积累资产。三是加强对贫困人口的理财教育，增强其积累资产的能力与自信。

同样在 20 世纪 90 年代，美国经济学家加里·贝克尔以家庭为分析单位，将微观经济学的研究领域延伸到家庭中的人类行为及其相互关系，建立起系统的家庭经济理论。该理论从微观视角解释和解决贫困问题，认为家庭是一个有效率的经济单位，家庭成员会在户主的组织下对货币与时间进行合理配置，而家庭之间的收入不平等主要受三个因素的影响。一是父母对子女的投资。父母对子女可能存在投资不足，这时子女需要向父母借款以筹措人力资本福利最大化的投资，在成年后偿还，改善家庭境况。二是家庭特征。如家庭生育率、夫妇所受教育、离婚率、遗产分配等因素都影响了家庭收入不平等状况。三是国家和社会的家庭政策。例如，教育补助、社会保险项目、孩子补贴等针对家庭的保障政策能提升家庭对孩子的投资，进而提升家庭组织的效率，实现国家整体摆脱贫困（贝克尔、赵思新和黄德兴，1994）。

四、发达国家现行社会保障政策视角下的减贫与发展理论

社会保障起源于西方发达资本主义国家，有较长的发展历史，其本质是政府向社会成员提供保护，以便与疾病、生育、工伤、失业、伤残、年老、死亡

等原因造成的经济和社会贫困进行斗争的公共措施①。最早由政府主导的社会保障起源于英国 1601 年的《伊丽莎白济贫法》，现代意义的社会保障制度则建立于 19 世纪 80 年代的德国，并在第二次世界大战后于西方资本主义国家快速发展，具有较长的演化历史，形成了包括养老保障、医疗保障、失业保障、最低收入保障等制度构成的整体社会保障制度框架，各国也发展出各具特色的社会保障制度实践。

1990 年，丹麦经济学家考斯塔·艾斯平 – 安德森提出"福利国家的三个世界"理论，成为分析西方资本主义国家社会保障模式的经典理论②。在《福利资本主义的三个世界》一书中，艾斯平 – 安德森提出"福利体制"这一概念，对资本主义国家的社会保障制度进行比较，得到三类资本主义国家的福利体制。一是"自由主义"福利体制。该体制强调市场作用，认为贫困以及弱势群体的产生是市场失灵的结果，国家采取的贫困救助政策往往是补救性的，代表国家包括英国、美国。二是"合作主义"福利体制。在该体制下，向贫困人群及其他弱势群体提供福利是政府的责任，政府建立的社会保障制度以社会保险为基础，强调政府、雇员、雇主之间的伙伴关系与法律约束，代表国家包括德国、法国、意大利、奥地利。三是"社会民主主义"福利体制。该体制强调公民普遍权利，认为社会保障体系不仅覆盖贫困阶层，更覆盖全社会各阶层，国家福利供给标准高，重视就业作用，代表国家包括瑞典、挪威、丹麦等国。

西方资本主义国家在反贫困与发展实践中探索建立了社会保障制度框架，囊括了养老保障、医疗保障、失业保障、最低收入保障等具体制度，各国也形成了具有特色的政策实践（丛树海、郑春荣，2011）。

一是养老保障。为应对世界性的老龄化趋势，世界银行提出了养老金体系的五大支柱：支柱零是基于家庭生计调查的困难老人救助，支出由政府承担；支柱一是与本人收入挂钩的缴费型养老保障；支柱二是强制性的个人养老储蓄账户；支柱三是雇主发起的各种形式的灵活养老保障；支柱四是家庭成员或代际间的老年人非正规保障。在以上框架的基础上，具有代表性的国家实践有新

① 国际劳工局社会保障司. 社会保障导论［M］. 北京：劳动人事出版社，1989.
② 考斯塔·艾斯平 – 安德森. 福利资本主义的三个世界［M］. 北京：法律出版社，2003.

西兰的社会福利型养老保障制度，政府向全部符合条件的老年人发放较低标准的养老金；美国的社会保险型养老制度，政府将养老保险缴费与养老金给付直接挂钩；智利的个人储蓄型养老保障制度，政府每月强制扣除员工工资存入特定养老账户；澳大利亚的社会救助型养老保障制度，政府在建立强制养老金账户的基础上为困难老人提供基本养老金。

二是医疗保障。医疗保障是世界性的难题，代表性制度包括三类。其一，免费医疗保障制度。比如英国的国民保健制度，该制度于 1984 年建立，为全体具有英国居住权的国民提供免费的医疗和健康保障，但其面临医疗质量低、效率低下等问题。其二，社会医疗保险制度。典型国家为德国，德国于 1883 年颁布《疾病社会保险法》，通过建立包括法定医疗保险、工伤保险、护理保险、私人医疗保险的保险体系，帮助国民承担医疗经济负担。其三，市场主导型医疗保险。代表性国家为美国，56.1% 的美国人参加雇主提供的团体医疗保险，10% 的美国人个人直接购买保险，只有满足条件的军人、土著印第安人、老年人、残障人士、儿童能享受政府提供的 Medicaid 与 Medicare 两种医疗保险。

三是失业保障。失业保障是西方资本主义国家为应对经济波动导致的劳动者就业风险而采取的措施。代表性制度有六种。其一，互助型失业保险金。劳动者在工会领导下成立互助会，互助会为失业会员提供津贴。其二，政府补助的自愿性失业保险。工会负责管理失业保险基金，劳动者需要参加工会才能享受失业保险，而政府则为基金提供补助。代表国家有芬兰、丹麦、瑞典。其三，目标型失业保险金，即政府向失业者提供较长时间，但标准较低的失业救助金，代表国家如澳大利亚、新西兰。其四，国家统合主义的强制型失业保险。社保经费负责机构由雇主与雇员自治，工会负责协调，政府负责指导和调控，代表国家如德国。其五，基本保障的强制型失业金。比如，英国、爱尔兰、马耳他向失业者提供能够满足最低生活需求的定额失业金（不与缴税记录挂钩）。其六，收入保障的强制型失业金。比如，保加利亚、捷克等国为失业人口提供与失业人口失业前纳税记录挂钩的失业金。值得一提的是，一些北欧国家不单纯使用以上六种福利体制满足失业者的需求，而是采取积极的就业政策，以"社会投资"的方式提升人口的人力资本水平，以此预防失业问题。

四是最低收入保障。最低收入保障是国家给基本生活困难人群提供的最后一道生存安全网，往往以最低收入保障金的形式呈现，其核心内容是保障对象的确定与保障金的发放。西方国家通过划定贫困线识别保障对象，方法有三。其一，标准预算法（菜篮子法），即基于生活必需品的种类与数量折算的价格划定贫困线，将贫困线以下群体定为保障对象，但对必需品的种类界定往往很困难。其二，恩格尔系数法。比如，美国将食物支出占家庭收入比重不超过1/3 的家庭界定为贫困家庭。其三，收入比例法。比如，德国、英国、法国将本国社会平均收入的 50%～60% 定为贫困线。具有代表性的最低收入保障制度有二。第一，英国的收入补助金制度。政府向单亲父母、患病老人或残疾人士的照顾者以及其他无法工作的人士发放津贴。第二，美国的工作所得税税收抵免制度。政府向收入低于一定水平的群体发放现金补助。在特定收入水平范围内，低收入群体的收入越高，获得的补助也越高。

五、实验发展经济学贫困研究的新进展

20 世纪初，随机实地实验方法的基本思想和理论出现（Banerjee，Duflo and Kremer，2016），甚至成为医学界的黄金标准（Malina et al.，2016）。到 20 世纪 90 年代，随着麻省理工学院的阿比吉特·班纳吉、埃丝特·迪弗洛，以及哈佛大学教授迈克尔·克雷默为代表的经济学家在发展经济学领域广泛使用该方法，实验发展经济学逐渐焕发光彩。2019 年，诺贝尔经济学奖授予班纳吉、迪弗洛、克雷默三人，以表彰他们在减轻全球贫困方面的实验性做法。自此，实验经济学方法在贫困研究方面的应用成果为世界所了解。

实验发展经济学的贫困研究认为，贫困是一种社会现象，更是一种个体现象（班纳吉等，2013），因此贫困人口个体的行为是贫困研究的新视角（Bertrand et al.，2004），尤其需要特别关注贫困人口的生育、消费、教育、健康、工作等一系列行为特征（Banerjee and Duflo，2007）。贫困人口行为是解释"为什么处于贫困状态"的最佳视角之一。此外，通过研究贫困人口行为，检验行为驱动型减贫政策的效率也是未来贫困研究的方向（Duflo，Kremer and Robinson，2011）。

目前，国外实验发展经济学的贫困行为研究成果主要集中在贫困人口的教育、卫生与健康、收入和储蓄等领域（周业安、孙玙凡），这些成果对具体领域的公共政策设计与效果改善有着重要的启迪。（1）贫困人口的教育。在教

育领域的公共政策设计中应该更加重视三个方面。一是降低贫困人口的上学成本。例如，向贫困家庭的母亲提供教育补助能够改善贫困家庭儿童的受教育机会（Schultz，2001）。二是合理激励学生和教师。例如，合理设计教师的合同制度能够提升学生学习成绩以及教师教学质量（Kremer and Ilias，2003）。三是完善教学服务信息。例如，为学生提供明确的教育回报率信息能够显著降低辍学率（Jensen，2010）。（2）贫困人口的卫生和健康。一是推广预防性健康用品。例如，合理设定预防性健康用品的价格能够提高贫困人口预防性健康用品的使用率。二是重视公共卫生服务。例如，为个人提供 HIV 监测结果能够显著提升 HIV 阳性患者购买避孕套的概率（Thornton et al.，2005）。三是避免不良生活习惯。例如，承诺机制的设计能够改变贫困人口抽烟、酗酒等不良习惯（Xavier et al.，2010）。（3）收入和储蓄领域。一是提高收入的助推机制设计。例如，在农民临近施肥时提供化肥临时折扣，能够使农业产出和农民收入显著提升（Duflo，Kremer and Robinson，2011）。二是提高家庭储蓄水平的助推机制设计。例如，帮助贫困人口设计专门用于健康的承诺储蓄账户能够增加更多的预防性健康投资（Dupas and Robinson，2012）。

　　实验发展经济学在贫困领域开展研究具有三个方面政策启迪。一是减贫领域公共政策设计者应联合科研机构、社会组织，使用实验方法辅助减贫政策设计（朱冬亮，2020）。目前，国际减贫组织已经整合研究者、社会组织、地方政府力量，在全球 40 个国家实施了 240 多个试验项目，具体举措包括为贫困家庭提供小额信贷支持和就业培训等。二是政府应联合国内科研机构，推动实验发展经济学方法与本土政策试点实践结合。在开展公共政策试点工作时，政府可联合科研机构，将随机性、干预机制、对照实验等思想纳入试点工作，促进试点政策结果精准性与科学性的提升。三是政府在进行减贫政策效果评估时，关注政策对贫困者行为的改善效应。例如，在设计针对贫困人口的税收政策、工作福利政策时，注意监测、评估贫困人口的行为是否朝着预期方向改善，并且随时进行干预调整，以实现减贫政策的精准化（方迎风，2019）。

第二章　世界各国减贫政策

世界各国面临的贫困现状和贫困背景各不相同，既有发达国家型贫困，亦有发展中国家型贫困；既涉及社会主义制度国家，亦涉及资本主义制度国家，其意识形态各不相同；既有生产能力不足总体落后的客观背景，亦有总体发展水平较高但贫富分化悬殊的实际情况。面临的贫困问题各异，存在绝对贫困与相对贫困的差异，还有收入贫困、支出贫困、能力贫困、主观贫困、权利贫困、多维贫困、制度性贫困、移民贫困等不同贫困类型的分野。

本书系统比较了 25 个发展中国家的减贫政策体系，涵盖非洲国家、南亚国家、东南亚国家、拉美国家，旨在通过对各国贫困的定义和标准、国家减贫战略和计划、政府减贫管理机制、减贫工具以及良好的经验做法五个方面进行系统比较的基础上，对不同贫困类型进行分类和比较评估，探讨不同贫困类型贫困的深层原因，提炼就业保障、人力资本开发、农业投资、小额信贷等有效的减贫工具和案例，以期为中外减贫政策、实践与理论比较研究提供借鉴。

本书以定性案例研究方法为主。为了解不同的减贫政策及其实施过程，针对发展中国家开展案例收集。来自巴西、苏丹、埃塞俄比亚等发展中国家共计 25 名中国农业大学硕士生参与了本项目，接受标准案例研究方法和写作指南的培训。2021 年 5 月至 2021 年 6 月，每个学生收集了一个特定国家的减贫政策信息并进行了分析，其中大多数学生在其本国进行了调查，少数学生被安排到其他国家学习。最终共收集 25 个案例报告（见表 2.1）。此外，相关数据和文件资料也应用于本书的定性和定量分析。

表 2.1　　　　　　　　　　案例国家分布情况

区域	国家	案例数量
东南亚	菲律宾、缅甸、印度尼西亚	3

续表

区域	国家	案例数量
南亚	巴基斯坦、孟加拉国、尼泊尔、印度	4
东非	埃塞俄比亚、厄立特里亚、南苏丹、苏丹、坦桑尼亚	5
西非	布基纳法索、冈比亚、加纳、喀麦隆、尼日尔、利比里亚、塞拉利昂	7
南非	津巴布韦、莱索托、马拉维	3
拉丁美洲	巴西、哥伦比亚、智利	3

第一节　世界各国贫困的定义和标准

本书首先针对 25 个国家对贫困的定义进行比较分析。在大多数国家，贫困被定义为缺乏足够的收入（货币贫困）来满足基本必需品，如营养、粮食安全、健康、教育、人类发展和获得基本基础设施的机会。纵观各国对贫困的定义，除了收入指标以外，多维贫困指数（MPI）通常基于五个基本福利类别来衡量贫困家庭。在一些其他国家，还使用为达到预定的最低热量需求所需的人均消费水平，即以每日热量摄入量，来衡量贫困水平；或将穷人定义为无法满足其基本消费需求的人，包括食品和非食品项目。少数国家同时关注生理层面（经济贫困）和社会层面（社会/人类贫困）。

据观察，所有国家都指出了贫困的货币和非货币维度。它涵盖了联合国定义的饥饿的不同表现形式（包括饥饿和营养不良）、获得教育和其他基本服务的有限的机会、社会歧视和排斥，以及缺乏参与决策的权力等。总的来说，联合国指出，贫困不仅仅是缺乏维持可持续生计的收入和生产资源，其他的贫困维度也应被充分识别。

在贫困指标方面，不同国家对贫困标准的衡量各不相同。例如，使用每日热量摄入、每日人均支出、购买力平价、多维贫困指数等参数衡量贫困，并通过核心贫困、超贫困、极端贫困等分类方式对贫困级别进行描述。研究结果显示，一方面，大多数国家计算了生活贫困人口的百分比。在撒哈拉以南非洲，除埃塞俄比亚（23.5%）和加纳（23.4%）外，贫困发生率通常高于40%。厄立特里亚贫困人口占总人口的66.40%，总体贫困率相对较高。在某些国家，城市和农村地区的贫困率略有不同。另一方面，一些国家城乡贫困差距显著，农村人口极度贫困。即使在同一地区的国家中，生活在每天1.90美元的国际贫困线以下的人口比例各不相同。例如，马拉维生活在国际贫困线以下的人口占71.4%（2016年数据）、莱索托生活在国际贫困线以下的人口占27.3%（2017年数据）、巴基斯坦生活在国际贫困线以下的人口占65.5%。

在缩小相对贫困方面，大多数政府致力于在全国范围内开展减贫工作，从而不让任何地区掉队。一些国家也更加重视农村地区，并针对容易发生干旱或相对脆弱等特定的地理区域投入的减贫力度更大。多数国家开发了若干有针对性的减贫技术，一方面，满足弱势群体的需求，比如儿童、青年、妇女、残疾人、老年人和穷人；另一方面，部分国家针对那些无法获得足够的社会设施和经济基础设施的人开发了减贫技术，如埃塞俄比亚、利比里亚、马拉维、菲律宾、苏丹和津巴布韦等国。

第二节 世界不同国家的减贫战略

参与比较研究的25个国家均制定了长期战略发展规划，时间跨度从20年到30年不等。大多数国家长期发展计划与联合国2030年可持续发展议程及其各自的区域发展愿景（如非洲愿景2030）相吻合。此外，值得注意的是，大部分长期计划都为该国制定了一个宏观愿景，并以战略支柱为指导。多数国家的长期计划通常分为不同的阶段，通过制定中期计划的方式逐步推行。中期计划持续三到六年，通常与该国现任政府行政部门重合。25个国家中，厄立特里亚、苏丹和巴西三个国家没有明确的中期计划。这三个国家只是以长期计划或该国与联合国机构或世界银行等国际组织的伙伴关系计划为指导。例如，巴西现任政府没有公布国家发展计划的具体目标，但其减贫议程以跨部门政策为指导。以冈比亚为例，贾梅政府结束了22年的执政后，下一任总统巴罗的领导层还没有通过一个国家的中期发展计划，只是延续了之前的国家中期发展计划。

　　研究显示，多数国家的中期减贫发展计划侧重于社会经济发展，而社会经济发展细分为具体的主要战略，这些战略将作为政府发展战略的蓝图以及实施扶贫和经济发展的计划、项目和活动指南。根据 25 个国家的中期发展计划，研究观察到 11 个国家计划和战略。首先，一些国家（如布基纳法索、利比里亚、哥伦比亚、孟加拉国和印度尼西亚）仅将人均收入作为衡量减贫的标准；而其他国家（如塞拉利昂、智利、印度）在其国家发展计划中声明并考虑到消除一切形式的贫困非常重要。关于国家扶贫战略，几乎所有国家①强调人力资本开发是减轻贫困的一项主要战略。值得注意的是，贫困在大多数情况下是一种地理现象，这就是为什么四个国家（利比里亚、喀麦隆、印度尼西亚和哥伦比亚）在其国家发展计划中明确提到了重点关注地区的减贫战略，以降低国家的贫困发生率。

　　农业作为第一产业，仍然是大多数国家发展计划的一部分，目标是使该部门现代化并使其具有竞争力。其中，五个国家②将环境和自然资源可持续管理作为其发展计划的一部分。冈比亚、加纳、喀麦隆、莱索托、坦桑尼亚、印度和菲律宾等一些国家的发展计划注意到私营部门在扶贫中的重要性。值得注意的是，私营部门在国家发展中的参与和合作将为民众创造许多机会，例如创造就业机会、谋生机会等，最终将帮助人们摆脱贫困等。另外，部分国家，如冈比亚、尼日尔、喀麦隆、莱索托、埃塞俄比亚、巴基斯坦和菲律宾，在其国家发展计划中明确指出，善政是可持续减贫的动力。

　　研究还观察到若干次要的扶贫专题战略。例如，由于过去的冲突或内战而需要促进和加强国家安全被列为南苏丹、苏丹和厄立特里亚发展的主要优先事项并纳入战略计划当中。社会安全网的作用已在加纳、坦桑尼亚和巴基斯坦的发展计划中阐明。在埃塞俄比亚、巴基斯坦、孟加拉国和菲律宾的发展计划中，可以看到性别与发展的交叉主题，特别关注赋予妇女经济权力。

　　如前所述，大部分发展计划将侧重于社会经济发展。一国的国内生产总值

---

　　① 在国家发展计划中明确将人力资本开发作为减贫主要战略的国家包括：布基纳法索、冈比亚、塞拉利昂、利比里亚、加纳、尼日尔、莱索托、津巴布韦、马拉维、坦桑尼亚、埃塞俄比亚、厄立特里亚、南苏丹、巴基斯坦、孟加拉国、印度尼西亚和菲律宾。

　　② 将环境和自然资源管理作为发展计划一部分的国家包括：加纳、马拉维、埃塞俄比亚、孟加拉国、尼泊尔和菲律宾。

（GDP）或 GDP 增长率是一种衡量指标，被用作观察该国经济增长变化的指标。在研究中可以观察到，多年来（2015~2020 年）25 个国家的 GDP 趋势①。一些国家的 GDP 年增长率有所提高并得以保持，另一些国家的 GDP 增长率多年来一直在波动，尤其是政治动荡的国家（如冈比亚），还有一些国家的 GDP 年增长率呈下降趋势。然而，新冠肺炎疫情严重影响了所有国家，因为可以观察到 2019 年和 2020 年的 GDP 年增长率大幅下降，有些甚至收缩了 10 个百分点（如莱索托、南苏丹、缅甸、菲律宾）。

第三节　政府机构和非政府组织减贫合作机制

不同国家的政府机构的作用和职能各不相同。例如，在孟加拉国，农村发展和减贫部门的一个专门组织负责管理和协调具体的减贫计划。在其他国家，政府是减贫的主要参与者，通过中央政府促进所有利益相关者参与实施过程。所涉及的利益相关者和实施战略因国家而异。他们大多来自政府、国家计划委员会、司法部门、私营部门、民间社会、发展伙伴，有些还涉及传统领导人和整个社区。社区的作用将是确保发展活动的自主权和活动顺利实施。值得注意的是，这是一种有效的做法，可供大多数政府借鉴。

非政府组织的作用因国家而异，包括中介、提供资金、建立联系和进行宣传。除了招募志愿者外，非政府组织还雇用工作人员，通过创造就业间接促进减贫。据观察，联合国机构（联合国粮农组织、农发基金、联合国儿童基金会、世卫组织、世界粮食计划署）是向各国弱势儿童和青少年提供长期人道主义和发展援助的牵头机构。这些机构在许多部门发挥着重要的技术和财务作用，为政府提供关于减贫趋势的意见和投入。

在大多数情况下，捐助者、发展伙伴和合作伙伴的作用是相似的；为实现可持续发展目标的发展提供资金和技术支持，在政府服务薄弱或不适应当地需求的情况下找出差距并提供服务，设计和试点小规模创新方法，并进一步推广政府的成功模式。私营部门的作用包括：与政府接触并围绕经济战略方向和结

---

① 厄立特里亚最新的 GDP 年增长率从 2011 年开始为 8.68%；世界银行没有该国的最新数据。

构转型路径形成共识；创业创造财富；根据优先领域和实施企业社会责任要求，开发可融资的项目并进行相关投资。

在研究涉及的 25 个国家里，政府和非政府组织均实施了联合减贫行动。非政府组织、私营部门和国际组织都参与资助，协调政府在教育、卫生、农业和农村发展以及许多其他部门开展的发展计划并提供技术支持。例如，在喀麦隆、加纳、尼日尔、巴基斯坦和尼泊尔，私营部门和公共组织合作并专注于补充政府旨在使人们能够产生自主收入的计划。

在哥伦比亚等一些国家，政府设立了负责与私营部门联络的机构。该机构阐述了将公共和私营部门、国际合作和民间组织在创收、改善宜居条件、身份识别、健康和教育等方面进行整合的举措。这一方式在印度也有体现。印度政府与国家信息中心联合推出的免费设施带来了政府和志愿部门之间更大的伙伴关系，并促进了更好的透明度、效率和问责制。此外，各国特别关注本地和外国企业之间的联系，以促进知识和技术转让，通过加速经济结构转型来确保增长。

总之，25 个发展中国家实施的扶贫战略涉及所有利益相关者，包括政府的三个部门（行政、议会和司法机构）、民间社会组织、私营部门、跨国公司和公众。

第四节　各国减贫工具和减贫实践案例

各国的扶贫策略不尽相同，但在大多数时候，发展中国家的扶贫原则几乎是一样的。例如，在新冠肺炎疫情大流行之前，尤其是在大流行期间，一些发展中国家利用现金转移作为一种社会安全支持。这笔现金转移为边缘化穷人提供支持，并减轻新冠肺炎疫情对刚从贫困名单中毕业的边缘贫困者的影响。政府对公共基础设施、教育和医疗设施，以及从农场到市场的道路的投资都旨在推动国家经济发展，最终帮助贫困人口脱贫。对人力资本的投资，例如免费义务基础教育、普及优质健康服务以及提供技术职业培训，也是一些国家常见的减贫战略。

当然，由于不同国家的实际贫困定义（附录 1）、资源禀赋、反贫困理论理念和实际制定的反贫困计划（附录2）有差别，不同国家的反贫困政策的工具有不同的侧重。表2.2列出了25个国家采用的主要反贫困工具。

表2.2　　　　　　　　　　　不同国家（地区）反贫困的工具

序号	国家（地区）	反贫困工具和案例
1	布基纳法索（西非）	• 弱势群体食品补贴：自1994年开始，由SONAGES实施布基纳法索国家粮食安全库存管理。该行动旨在帮助贫困人口在困难时期获得低价谷物 • 自2016年起，对孕妇和5岁以下儿童实行免费医疗。该政策的目的是使社会各阶层都能获得医疗保健，降低妇女和儿童的死亡率
2	冈比亚（西非）	• 多数冈比亚人受益于侨汇，作为其收入来源，但只有少数冈比亚人受益于政府信贷。外来移民带来的汇款在冈比亚社会中发挥着重要作用，约占该国国内生产总值的20%。在获得信贷方面，冈比亚城市市民更容易获得正规信贷，而农民更容易获得非正规信贷
3	塞拉利昂（西非）	• 就业促进：通过公私伙伴关系和发展合作伙伴，为青年、妇女和其他人，尤其是这些群体中最弱势的群体，制定有针对性的就业计划（即以工换钱和以工换粮计划） • 支持"osusu"等非正式计划和其他具有福利提供要素的社区储蓄和保险计划
4	利比里亚（西非）	• 青年发展成果：旨在加快将利比里亚的人口红利转变为潜在增长动力的进程，首先是通过工作和生活技能机会扩大社会包容性，除了扩大技术职业教育和培训（TVET）干预措施外
5	加纳（西非）	• 一村一坝：确保全年农业生产，尤其是在北部地区 • 一区一厂：通过公私合作，在加纳216个区中的每一个区至少建立一个工业企业 • 生计赋权反贫困计划（LEAP）：通过实施生产性和金融包容性干预措施以及LEAP现金补助，帮助家庭摆脱贫困
6	尼日尔（西非）	• 建立减贫信息系统（SIRP）：SIRP的主要目标是提高对尼日尔家庭生活水平和贫困水平的了解。该系统将接收来自社会经济数据库中现有和未来调查和研究。数据生产者和用户之间的对话发挥了关键作用，从而能产生更明确的信息需求。正式的传播机制是该系统的一个组成部分，确保政府、民间社会、合作伙伴和公众定期获得监测贫困的不同方面和演变所需的定性和定量数据
7	喀麦隆（中非）	• 国家和区域计划贷款业务：涉及发展国家的农业、交通、基础设施以及区域能源项目。目标是达到促进农业生产及其加工增加的基础设施临界阈值，以期产生不可逆转的经济增长动力，增加农业食品行业的价值链。总体而言，既定目标是加强先前干预措施的影响，提高非采掘可贸易商品的竞争力，并在CEMAC/ECCAS地区和尼日利亚获得更多的区域市场份额

续表

序号	国家（地区）	反贫困工具和案例
8	莱索托（南非）	●金融部门发展战略（FSDS）：目标是最大限度地促进莱索托的经济和社会发展。FSDS 建立在坚实的基础之上，超过 80% 的巴索托成年人使用正规或非正规金融服务，这是非洲金融包容性最高的地区之一。在扩大农村地区储蓄和交易产品的获取以及向中小微企业（SMME）提供信贷方面，FSDS 主要关注四个金融部门战略领域，即金融包容性、调动财政资源并促进储蓄文化、提高效率——支付系统，以及金融稳定和稳健
9	津巴布韦（南非）	●购买津巴布韦运动：旨在释放该国的全部潜力，支持经济增长和本地品牌的竞争力、创造就业机会和进口费用管理。它还支持价值链本土化战略 ●截至 2020 年 9 月，政府总共支付了超过 7700 万津巴布韦的资金，这些资金通过妇女发展基金、社区发展基金、津巴布韦妇女小额信贷银行、EmpowerBank 和中小企业发展公司（SMEDCO）等地方赋权金融机构提供，共惠及 6763 家中小微企业 ●在重新参与过程中，侨民参与被列为优先事项，以便侨民能够通过技能转让、回国投资以及汇款流入，为国家发展议程做出积极贡献，这有助于提供外币和支持家庭层面的地方支出
10	马拉维（南非）	●国家社会现金转移：马拉维已经制定且目前正在实施国家社会支持计划 II（2018～2023 年），主要是通过社会现金转移计划（SCTP），该计划针对最贫困的 10% 人群。为社会现金转移分配了 52 亿缅因 ●农业基础设施和青年农业企业项目（AIYAP）
11	坦桑尼亚（东非）	●信贷金融工具：坦桑尼亚政府向青年、妇女和残疾人等边缘群体提供无息贷款，以便他们可以投资于不同的发展项目。这是通过地方政府部门实施的，要求每个地方政府部门用地方收入的 10% 向青年、妇女和残疾人提供利息贷款 ●坦桑尼亚正在通过坦桑尼亚社会行动基金（TASAF）实施生产性社会安全网计划，以增加贫困家庭的收入并使他们能够满足基本需求
12	埃塞俄比亚（东非）	●生产安全网计划（PSNP）：该计划致力于通过转移粮食或现金（或两者的结合）来结束长期的粮食不安全状况。PNSP 要求那些接受帮助的家庭中身体健全的人参加活动，以帮助他们拥有更具弹性的生计并减少粮食不安全的机会。这些活动包括建设社区基础设施，例如建设学校、道路和医院，以及恢复土地和水资源
13	厄立特里亚（东非）	●畜牧业和农业发展：放牧和农业的改进包括建立禁区和牧场的公共管理。该项目支持基础设施工程，如建设取水点、河流和小溪分流，以及集水用于补充灌溉。该项目还将改善人们获得饮用水和医疗服务的机会，包括采取措施对抗疟疾和肺结核，以及改善母亲和儿童的医疗保健

续表

序号	国家（地区）	反贫困工具和案例
14	南苏丹（东非）	●经济和商业发展举措应包括激励年轻女性参与经济活动的标准（金融信贷）。受冲突影响的少女报告的创业指数得分较高，表明其愿意在未来工作和创业。这种不断变化的性别规范可能是冲突局势的结果，部分原因是男性长期缺席，从而使女性有必要增加她们的劳动参与。针对少女的经济参与和能力建设干预措施可以建立在这种增强的创业潜力和赋权的基础上。根据女孩选择参与的活动类型，通过生计和技能发展（包括认知和非认知技能培训干预）实现从学校到工作的过渡的综合方法将被证明是有用的。为女童创造机会有可能促进经济增长和减贫，并解决贫困人口普遍存在的收入不平等状况
15	苏丹（北非）	●2004年，国际美慈组织（Mercy Group）开始在苏丹提供人道主义和发展援助，主要在南达尔富尔州和南科尔多凡州开展业务，为食品、医疗保健、教育和其他人道主义工作提供资源。此外，美慈还帮助苏丹管理冲突和灾难，希望为苏丹人民带来长期的稳定。具体而言，美慈希望通过建立10个社区组织来维持稳定，这些组织在南科尔多凡州提供应急准备、响应和协调。迄今为止，该项目通过向265000人提供清洁饮用水并帮助23000名当地农民，影响了数十万苏丹人
16	智利（拉美）	●青年就业补贴：该计划于2009年启动，旨在提高低收入家庭青年的劳动力市场参与度。为此，它将对25岁以下的低收入个人的工资进行高达20%的补充，并向雇主提供高达员工工资10%的奖金。这是弱势青年进入劳动力市场和企业雇用他们的重要现金激励措施
17	巴西（拉美）	●国家加强家庭农业计划：资助个人或集体项目，为家庭农民和土地改革定居者创造收入 ●从家庭农业购买粮食计划：鼓励家庭农业，包括向粮食不安全人群分发农产品，并支持创建战略库存
18	哥伦比亚（拉美）	●家庭行动计划：该计划每月向遭受家庭虐待的贫困母亲支付约100美元，只要她们参加饮食和卫生课程、送孩子上学并让她们接受体检即可 ●教育支持：只要学生按计划毕业，就可以免除教育贷款。这样做是为了通过支持来自低收入家庭的有能力的学生接受高等教育来提高公平性
19	印度（南亚）	●以工换粮计划：旨在通过有薪就业来加强粮食安全。粮食免费供应给各邦，但印度食品公司（FCI）仓库的粮食供应缓慢 ●圣雄甘地国家农村就业保障法案（MGNREGA）：该法案每年为每个农村家庭提供100天的有保障的就业机会。拟议工作的1/3将保留给女性。中央政府还将设立国家就业保障基金。同样，邦政府将设立邦就业保障基金，以实施该计划。根据该计划，如果申请人在15天内没有获得工作，他/她将有权获得每日失业津贴 ●街头小贩信贷：旨在为受新冠肺炎疫情影响的街头小贩提供小额信贷便利

序号	国家（地区）	反贫困工具和案例
20	巴基斯坦（南亚）	● 国家贫困毕业计划：1680 万人将获得无息贷款技能发展和资产转移 ● 私立学校代金券/外包给没有公立学校的私立学校
21	孟加拉国（南亚）	● 妇女自营职业小额信贷：政府向妇女，特别是农村贫困妇女和弱势妇女提供小额信贷便利。该计划的目的是赋予妇女经济权力并使她们成为自营职业者 ● 超贫困者就业计划：政府自 2008～2009 财政年度开始实施该计划。该计划的主要目标包括：（1）增加农村特困失业人口的就业和购买力；（2）为国家和人民创造资源；（3）确保农村地区的基础设施和通信发展，以及适当的维护和环境发展，以小规模为基础 ● 社会安全网：政府一直在继续实施社会安全网计划，以通过改善极端贫困人口的社会经济状况来减轻贫困。政府正在实施一些非常常见的社会安全网计划，例如确保食品安全、免费食品分发、工作换食品和测试救济。政府还实施了一些项目，如"Akti Bari Akti Khamar"（一屋一院）、"Ashrayan"、"Grihayan"、"Ghora Phera"，以期为穷人的生活带来积极的改变。此外，政府还为寡妇、被丈夫遗弃的贫困妇女和老人等提供津贴
22	尼泊尔（南亚）	● 土地管理、合作和扶贫部项目：为购买住房土地和耕地、农业和其他相关技能发展培训提供信贷 ● 城市贫民集体住房计划（城市发展部）：建造集体住房建筑，方便分配和管理城市住房。目标群体是在城市不同地区生活/被迫生活在混乱中的城市贫民
23	缅甸（东南亚）	● 缅甸正在推进一项雄心勃勃的经济特区（SEZ）和工业区发展计划，旨在吸引投资者，创造就业机会和发展工业。目前，全国共有 3 个经济特区和 19 个工业区，2014～2017 年绿地外国直接投资创造了超过 55000 个工作岗位 ● 缅甸政府计划发展小额信贷部门，作为无法获得正规银行系统服务的贫困人口的扶贫战略。政府于 2013 年颁布了小额信贷法，随后小额信贷部门迅速扩大，目前已有 180 家公司为 340 万客户提供总额 3500 亿缅币贷款
24	印度尼西亚（东南亚）	● 基于家庭的综合社会援助计划：这些计划提供社会援助和保护，以实现人们的基本权利，改善我们社区中最贫困者的生活质量并减轻他们的生活负担。重点是确保每个人都能获得食物、医疗保健和教育 ● 社区发展扶贫项目：这些项目承认仅向穷人提供直接援助是不够的。贫穷不仅仅是因为缺乏物质财富。穷人是弱势群体，无法获得改善生活质量的手段。这种方法旨在使社区能够利用自己的潜力和资源摆脱贫困 ● 微型和小型企业赋权扶贫项目：这些项目旨在通过为企业家提供融资渠道、商业和管理技能培训、咨询，以及加强商业环境来支持和鼓励微型企业和小型企业

续表

序号	国家（地区）	反贫困工具和案例
25	菲律宾（东南亚）	●卫生人力资源部署计划：政府部署、重新分配和留住卫生工作者，以提高获得优质卫生服务的机会。优先地区是偏远的、地理上孤立的、处境不利的和卫生人员不足的偏远社区 ●学生就业特别计划：这是一项青年就业过渡计划，旨在在暑假和/或圣诞节假期为贫困学生、失学青年以及流离失所或可能失业的工人的家属提供临时就业机会，旨在在一年中的任何时间增加其家庭收入，以帮助确保受益人能够继续接受教育 ●青年就业能力培训：通过缩短青年求职期并通过培训（行业所需的生活技能和技术技能）、带薪实习和全周期就业促进服务来提高青年的就业能力。该计划还旨在提高公共就业服务办公室（PESO）提供全周期就业促进服务的能力。受训人员应在生活技能培训和技术技能培训期间获得津贴，并应在企业实习最多三个月，津贴不少于当地现行最低工资的75% ●生存和恢复援助计划：通过农业信贷政策委员会（ACPC）的生存和恢复援助计划（SURE），受灾害影响的小农和渔民（来自宣布处于灾难状态的地区）可以利用每个借款人高达25000比索的融资援助（利率为0），还款基于最多三年的支付能力

注：表中的项目和减贫措施是基于各国案例研究基础上整理的主要减贫措施，未涵盖该国全部项目与措施。

　　尽管这些政策仍然处于规划阶段，但各国政府已试图根据各自国家的情况调整这些减贫战略，以实现减贫工具的预期结果。附录3至附录7列出了几个重点国家层次的反贫困案例，如巴西、印度、印度尼西亚、坦桑尼亚和塞拉利昂。以下将列举研究提炼的部分重点工具措施维度的减贫案例，这些工具措施反映了发展中国家反贫困的重点任务。

案例1：提供就业机会

　　通过在当地劳动力市场提供收入机会，让青年参与并帮助减轻贫困是一个良好的案例实践。在利比亚，青年发展成果旨在加速和获得利比里亚人口红利的潜在增长动力。相关战略包括通过工作和生活技能机会扩大青年的社会包容度，以及扩大技术职业教育和培训机会。在智利，政府推出了一项青年就业补贴，旨在增加低收入家庭青年的劳动力市场参与度。为了使该战略发挥作用，该计划对25岁以下的低收入个人的工资进行了最高20%的补充，并向雇主提供最高为员工工资10%的奖金。这形成了对弱势青年进入劳动力市场和雇用他们的公司的重要现金激励。在印度，通过圣雄甘地全国农村就业保障法，每年为每个农村家庭提供 100 天的就业保障，其中 1/3 的就业岗位将被保留给女性。如果申请人在 15 天内没有获得工作，申请人将有权获得每日失业津贴，而资金将来自中央政府的国家就业保障基金。在菲律宾，学生就业特别计划是一项青年就业过渡计划，旨在为贫困学生、失学青年以及在学业期间流离失所或将要失业的工人的家属提供临时就业机会。其目标是增加家庭的收入，以帮助确保受益人能够继续接受教育。

案例 2：人力资本开发

投资于人力资本也是减贫良好实践案例，比如提供优质教育和健康对于国家的发展和减贫非常重要。在大多数情况下，该策略与现金转移（即有条件现金转移）的社会保护策略相关联，其中需要满足的条件与教育和健康有关。但应该指出的是，一些国家有多种战略来投资于人力资本并推动其他发展和减贫因素。在埃塞俄比亚，生产安全网计划（PSNP）旨在通过转移粮食或现金（或两者结合）来结束长期的粮食不安全状况。PNSP 要求那些接受帮助的家庭中身体健全的人参加活动，以帮助他们拥有更具弹性的生计并减少粮食不安全的机会。这些活动包括建设社区基础设施，例如建设学校、道路和医院，恢复土地和水资源。在菲律宾，卫生人力资源部署计划是政府旨在部署、重新分配和留住卫生工作者，以提高获得优质卫生服务的机会。优先地区是偏远的、地理上孤立的、处境不利的和卫生人员不足的偏远社区。在哥伦比亚，人力政策规定，只要学生按计划毕业，就可以免除其教育贷款。这样做是为了通过支持来自低收入家庭的有能力的学生接受高等教育来提高公平性。

案例 3：农业投资

通过对农业部门的投资来推动国家经济发展，无论是基础设施还是任何其他减贫战略，都是消除贫困的方法之一。在加纳，"一村一坝"（One Village, One Dam）计划是确保全年农业生产的一种方式，尤其是在该国北部地区。在津巴布韦，"购买津巴布韦"运动旨在释放该国的全部潜力，支持经济增长和本地品牌的竞争力、创造就业机会和进口费用管理。它还支持价值链本土化战略。在巴西，有两个以家庭农业为重点的计划，即国家加强家庭农业计划和从家庭农业购买粮食计划。第一个计划的目的是资助个人或集体项目，为家庭农民和土地改革定居者创造收入；虽然第二个计划的目的是鼓励家庭农业，但其包括向粮食不安全人群分发农产品，并支持创建农产品战略库存。在尼泊尔，被释放的 Kamaiya 和 Haliya[①]恢复计划旨在为购买住房土地和农业耕地以及其他相关技能发展培训提供信贷。

案例 4：小额信贷

根据多项实证研究，通过正规金融机构获得小额信贷对减贫有很大影响。为此，一些国家制定了为其社会边缘化部门提供信贷渠道的计划。在孟加拉国，妇女自营职业小额信贷为妇女，特别是农村贫困和弱势妇女提供小额信贷便利，目的是增强妇女的经济能力并使她们成为自营职业者。在菲律宾，生存和恢复援助计划（SURE）将协助并为受灾害影响的小农和渔民（来自宣布处于灾难状态的地区）提供，零利率贷款，偿还贷款的依据是借款人最多三年的还款能力。在印度，由于新冠肺炎疫情及其对非正规经济的影响，总理为受全球新冠肺炎疫情影响的街头小贩提供专门的小额信贷便利。

第五节　发展中国家减贫政策存在的问题与挑战

我们所研究的每个国家的减贫战略和良好做法都值得关注。需要注意的是，本节所述的扶贫计划和项目只是从 25 个国家中挑选出来的部分良好做法。从它们在实施反贫困计划和项目过程中的经验和挑战中学习，是了解应根据当地情况实施的适当干预措施的好方法。受新冠肺炎疫情的影响，大多数国家的扶贫工作都集中于社会安全网络，比如定期提供食品津贴、现金补助等。除了重启当地经济外，大多数国家目前面临的另一个挑战是人力资本，尤其是教育部门。由于新冠肺炎疫情的健康风险在全球大多数国家仍然普遍存在，越来越多的国家转向远程或在线学习。然而，并非所有发展中国家都准备好迎接这一变化，包括互联网连接、能源供应和女性性别角色负担等方面的挑战。应该从整体上（即经济、农业和人力资本发展以及社会安全网等）以及与新冠肺炎疫情带来的影响相关的长期角度来看待减贫努力和战略。

基于对 25 个发展中国家的减贫政策与具体举措的分析，本书对这些发展中国家减贫政策存在的主要问题进行了归纳，主要包括以下问题：

---

① Kamaiya 和 Haliya 是一群被奴役的人，他们非常贫困，甚至处于赤贫状态。

一是扶贫理论滞后，减贫模式单一。总体来看，这些发展中国家的减贫仍主要依赖经济增长推动，并逐渐向市场化改革与国家推动相结合的阶段发展。与发达国家相对完善的福利制度不同，发展中国家社保和福利制度起步较晚。由于传统的扶贫理论所需的外部环境已经改变，当前试图通过大范围和高强度的经济刺激、投资和进出口来拉动经济增长，从而改善低收入民众经济状态的减贫开发模式的边际效应已经逐步缩小。发展中国家未来亟待更新减贫模式和思路。以东南亚国家为例，多数国家的减贫开发模式目前仍以基础减贫、产业减贫和生态减贫三大模式为主，模式相对比较单一。针对这个问题，一方面，需要借鉴国际先进经验来拓展减贫模式；另一方面，减贫措施需要因地制宜和具体规划。

二是减贫工具与实践脱节，贫困人口缺乏内生动力。贫困人口的积极性、参与性弱是发展中国家减贫面临的重要挑战。而这一问题与发展中国家减贫工具和实践的一致性相关。以现金转移方式为例，该减贫工具是这类发展中国家普遍采用的减贫手段，特别是在新冠肺炎疫情期间，比如塞拉利昂的"以工作换钱"（cash for work）计划，马拉维的"社会现金转移计划"（Social Cash Transfer Program）等。现金转移方式的核心在于用现金激励低收入群体使用公共服务（教育和健康），但给钱给物的扶贫方式可能导致扶贫项目偏离实际需求，甚至让贫困户对政府补贴产生过度依赖，困于"输血式"救济型扶贫模式。特别是在新冠肺炎疫情的冲击下，多国政府加大了现金转移支付力度，以缓解疫情引发的生计和人道主义危机。然而，中国的减贫经验说明，只有通过激发贫困地区和贫困人口的内生发展动力，才能有效破解贫困的恶性循环现象，扶贫的结果应是通过物质扶贫和精神扶贫的结合来实现人的自由和全面发展。中国扶贫开发中"治贫先治愚""扶贫先扶智""精准扶贫"等政策理念均将贫困地区和贫困人口的内生发展能力摆在扶贫工作最为突出的位置。这可为致力于减贫的发展中国家带来许多启迪，将减贫工具与实践相结合，提升贫困人口内生动力。

三是减贫政策缺少理论支撑与协同规划。针对这 25 个国家开展的问卷结果显示，缺少就业机会、缺少资金来源以及市场环境差是限制减贫效果的三个最主要的原因。此外，国家减贫战略缺少相关理论，减贫规划不清晰，减贫工具缺乏等贫困治理问题也十分凸显。总体来看，针对这 25 个国家的案例研究在政府、市场、社会三个层面均发现了现有减贫政策存在的相应问题：贫困问题横跨农业、教育、卫生、能源等多个领域，减贫政策的协同性和整体性不足的问题明显。未来如何从国家层面统筹规划减贫政策，提升减贫政策理论支撑，并在减贫实践中丰富减贫工具是发展中国家实现减贫目标面临的主要挑战。

第三章 中国反贫困理论体系

第一节 中国特色反贫困思想理论体系研究

中国特色的反贫困理论内嵌在中国特色社会主义理论之中，既是在中国特色社会主义思想指导下的长期实践基础上概括形成的，也是中国特色社会主义理论的重要组成部分和光辉篇章。自新中国成立以来，中国共产党在马克思主义反贫困理论基础上建立起由党和国家历代领导人提出、发展并不断完善的本土化反贫困思想，这些思想构筑成为中国特色反贫困理论（黄承伟、刘欣，2016）。辛远、燕连福和许博等学者也认为马克思的反贫困思想是新时代贫困治理论述的理论渊源，这对于深刻理解和践行中国特色社会主义贫困治理理论、做好脱贫攻坚工作有着深远的意义（辛远、韩广富，2020；燕连福、马亚军，2019；许博、陆杰荣，2020）。简言之，中国政府主要是以马克思主义为思想和理论基础来思考和总结中国特色的反贫困理论。

中国政府对中国特色反贫困理论进行了长期探索，夏海军等人基于不同领导人的反贫困思想，将党的十八大以前的中国反贫困思想分为四个阶段。一是毛泽东反贫困思想：建立社会主义制度，明确共同富裕思想；二是邓小平反贫困思想：以改革为动力的反贫困，建立政府主导机制；三是江泽民反贫困思想：反贫困与国家战略相结合，系统提出反贫困理论；四是胡锦涛反贫困思想：以科学发展观为指导，深化中国反贫困理论（夏海军、范明英，2018）。文建龙对此进行了总结：毛泽东提出了共同富裕思想，为中国反贫困理论的形成奠定了基础；邓小平完善了共同富裕思想，使中国反贫困理论基本定型；江泽民系统提出反贫困理论；胡锦涛则继续深化了中国特色反贫困理论（文建龙，2013）。

党的十八大以来，习近平总书记进行了50多次调研扶贫，走遍了14个集中连片特困地区，就新时代的反贫困提出了一系列新思想、新论断、新举措，逐渐形成了中国特色反贫困理论。2012 年底，习近平总书记在河北省阜平县考察扶贫开发工作时明确指出："全面建成小康社会，最艰巨最繁重的任务在农村，特别是在贫困地区。没有农村的小康，特别是没有贫困地区的小康，就没有全面建成小康社会"①。2013 年 11 月，习近平总书记在湖南湘西十八洞村考察时提出精准扶贫理念，指出脱贫攻坚要坚持实事求是，因地制宜，分类指导，精准扶贫②。2015 年 10 月，习近平总书记在 2015 减贫与发展高层论坛主旨演讲中提出扶持对象、项目安排、资金使用、措施到户、因村派人、脱贫成效"六个精准"（李婧，2015）。同年 11 月，在中央扶贫开发工作会议上，习近平总书记提出实现脱贫攻坚目标的总体要求，强调提高脱贫攻坚成效要解决好"扶持谁""谁来扶""怎么扶""如何退"的问题，并提出实行发展生产、易地搬迁、生态补偿、发展教育、社会保障兜底"五个一批"。2017 年 10 月，习近平总书记在党的十九大报告中把精准脱贫作为三大攻坚战之一进行全面部署，锚定全面建成小康社会目标，决战决胜脱贫攻坚。2018 年 2 月，习近平总书记在打好精准脱贫攻坚战座谈会上的讲话中，把脱贫攻坚的宝贵经验概括为"六个坚持"，即坚持党的领导、坚持精准方略、坚持加大投入、坚持社会动员、坚持从严要求和坚持群众主体。

在 2020 年全国脱贫攻坚总结表彰大会上，习近平总书记指出中国特色反贫困理论是中国脱贫攻坚战的制胜法宝，并将"七个坚持"的重要经验和认识进一步提升为中国特色反贫困理论。一是坚持党的领导，为脱贫攻坚提供坚强政治和组织保证。对于我国这样的发展中大国来说，减贫脱贫是一项极为复杂的系统工程，只有坚持党的领导，才能保证这项工作沿着正确方向发展。中国共产党具有无比坚强的领导力、组织力、执行力（张芳娟、张乾元，2021），是团结带领人民攻坚克难、开拓前进最可靠的领导力量，坚持党的领导为脱贫攻坚提供了战无不胜的坚强战斗堡垒。二是坚持以人民为中心的发展思想，坚定不移走共同富裕道路。以人民为中心的发展就是"发展为了人民"

---

① 习近平. 做焦裕禄式的县委书记 [M]. 北京：中央文献出版社，2015.
② 习近平赴湘西调研扶贫攻坚 [EB/OL]. http://news.xinhuanet.com/politics/2013 – 11/03/c_117984236.htm.

"发展依靠人民"和"发展成果由人民共享"。坚持人民主体地位,将共享发展理念落到实处,也是减贫脱贫取得成功的强大根基。三是坚持发挥我国社会主义制度能够集中力量办大事的政治优势,形成脱贫攻坚的共同意志、共同行动,这是脱贫攻坚的制度保障。习近平总书记强调,我们最大的优势是我国社会主义制度能够集中力量办大事,这是我们成就事业的重要法宝。中国特色社会主义制度可以充分发挥政府的主导作用,并可以进行广泛的社会动员和资源整合,形成巨大的社会、思想、制度、政策和行动合力。四是坚持精准扶贫方略,这是脱贫攻坚的基本方法。坚持精准扶贫方略,用发展的办法消除贫困根源。在坚持了解真扶贫、扶真贫、脱真贫的实际情况基础上,设定扶贫对象、责任主体、脱贫时间表,因地因户因人施策,并对扶贫脱贫过程实施标准化评估和考核,实现由"输血式"扶贫向"造血式"帮扶转变,让发展成为消除贫困最有效的办法,创造幸福生活最稳定的途径。这是打赢脱贫攻坚战的制胜法宝,也是中国为世界范围内反贫困事业贡献的重要经验。五是坚持调动广大贫困群众的积极性、主动性、创造性,激发脱贫内生动力。把人民群众对美好生活的向往转化成脱贫攻坚的强大动能,实行扶贫和扶志、扶智相结合,培养贫困群众自力更生的意识和发展生产、务工经商的能力,用人民群众的内生动力实现脱贫攻坚。六是坚持弘扬和衷共济、团结互助的美德,营造全社会扶危济困的浓厚氛围。中国共产党推动全社会践行社会主义核心价值观,传承中华民族守望相助、和衷共济、扶贫济困的传统美德,充分发挥政府、市场、社会各方面的力量,心往一处想,劲往一处使,汇聚社会各界的力量攻克脱贫攻坚的难题。七是坚持求真务实、较真碰硬,做到真扶贫、扶真贫、脱真贫。以切合实际的举措贯穿扶贫全过程,以最严格的考核评估落实扶贫成效,把一切工作都落实到为贫困群众解决实际问题上。

综上所述,中国脱贫攻坚能够取得成功靠的是党的坚强领导,靠的是中华民族自力更生、艰苦奋斗的精神品质,靠的是新中国成立以来特别是改革开放以来积累的坚实物质基础,靠的是一任接着一任干的坚守执着,靠的是全党和全国各族人民的团结奋斗。

除政府主要领导人在重要会议上的发言外,部分政府机构也对中国特色反贫困理论展开探讨,并取得了较为显著的成果。例如,新华社国家高端智库于2020年2月发布的中英文智库报告《中国减贫学——政治经济学视野下的中国减贫理论与实践》。该报告认为，中国成功的减贫实践已孕育产生了中国减贫学，旨在用政治经济学原理解释中国减贫实践。习近平关于扶贫的重要论述是中国减贫学的思想基础和理论内核。该报告认为，中国减贫学是既有助于减贫，又有利于发展的政治经济学分配理论，其核心要义是锚定共同富裕目标、依托精准手段，构建政府、市场和社会协同发力的"益贫市场"机制，解放贫困者的生产力，使他们不仅成为分配的受益者，也成为增长的贡献者，从而推动实现整个社会更加均衡、更加公平的发展[①]。该报告将中国的减贫模式概括为"5D"减贫模式，即坚强领导（Determined Leadership）、细绘蓝图（Detailed Blueprint）、发展导向（Development Oriented）、数字管理（Data-based Governance）和分级实施（Decentralized Delivery）。

习近平总书记关于扶贫的重要论述，以及各级政府部门对于中国特色反贫困理论的论述在脱贫攻坚战开展期间不断丰富、发展和深入，探索总结出了中国反贫困所独有的制度框架、政策体系和策略方法等，逐步形成了中国特色反贫困理论。中国特色反贫困理论系统回答了脱贫攻坚的政治保证、价值取向、制度支撑、实践路径、动力源泉、社会基础、作风保障等一系列重大问题，是我国脱贫攻坚伟大实践的理论结晶，是马克思主义反贫困理论中国化的最新成果，是习近平新时代中国特色社会主义思想的重要组成部分，必须深刻理解把握、长期坚持。

第二节　对于中国特色反贫困经验的不同学科解释

由于中国脱贫攻坚目标任务完成至今仅有一年不到的时间，因此目前中国学界对于中国特色反贫困理论进行总结并公开发表的文章总数不多。现有研究大多从自身理解的角度总结中国反贫困理论的特点，但囿于学科限制，多数难以形成非常全面的总结。

李小云在其文章《深刻理解和把握中国特色反贫困理论》中总结了以下

---

① 《中国减贫学》智库报告发布 ［EB/OL］. （2021 - 3 - 1）［2021 - 7 - 23］. http：//cpc. people. com. cn/n1/2021/0301/c64387 - 32038877. html.

几点：一是改革开放以来，中国农村扶贫开发工作取得重大成果，为最终消除农村绝对贫困奠定了重要基础；二是决胜脱贫攻坚，需要在短时间内统筹资源，帮助贫困人口突破贫困处境，这需要强有力的体制支撑；三是坚持以人民为中心的发展思想，坚定不移走共同富裕道路，是中国能够在相对短的时间内消除绝对贫困的关键所在；四是提出精准扶贫方略，坚持对扶贫对象实行精细化管理和扶持，对扶贫资源实行精准化配置；五是绝对贫困原因复杂多元，脱贫措施既要精准，还要落实到位；六是中国特色反贫困理论强调尊重人民群众主体地位和首创精神，注重激发人民群众蕴藏的智慧和力量，通过开发式扶贫方针，充分调动贫困群体的内生动力，把人民群众对美好生活的向往转化为脱贫攻坚的强大动能，引导贫困群体依靠勤劳双手和顽强意志主动脱贫，改变命运；七是在脱贫攻坚过程中，中国共产党坚持弘扬和衷共济、团结互助的美德，持续营造全社会扶危济困的浓厚氛围（李小云，2021）。

唐任伍等人深入研究习近平新时代中国特色社会主义思想中的贫困治理观，指出该贫困治理观的主要内容包括贫困治理的价值诉求、目标导向、根本保障和路径方法等多个维度。其中，价值追求在于实现共同富裕和人的自由全面发展，目标导向为到 2020 年全面建成小康社会，并为实现第二个百年奋斗目标奠定扎实的基础，其根本保障是坚持党的领导和以人民为中心，路径办法是精准扶贫、精神扶贫、协同扶贫及廉洁扶贫，这对打赢脱贫攻坚战具有重要的理论和实践价值（唐任伍、孟娜和李楚翘，2020）。中国的反贫困理论的方案关键在于坚持党的领导、政府主导、社会参与和激发脱贫攻坚对象的内生动力。而关于中国反贫困事业的中国智慧则表现为坚持人民至上、以人为本的理念；坚持党的集中统一领导；高效决策能力、强大的政治动员能力和执行能力是中国消除贫困、建成小康的组织智慧；坚持中国特色社会主义制度的显著优势是脱贫攻坚取得成功的体制智慧；坚持改革开放、坚持发展是硬道理是脱贫攻坚取得成功的实践智慧；坚持精准方略、多种形式是脱贫攻坚取得成功的方法智慧（唐任伍、叶天希，2021）。

学界对于中国特色反贫困理论特点的总结大同小异，其中不少由于篇幅问题而难以进行足够深的理论剖析。从公共管理学科的角度来看，有不少学者认为中国在反贫困事业的推进上充分地对治理理论进行了运用。例如，刘建生（2021）认为，中国的现代化进程与繁荣富强之路颇具特殊性，中国的反贫困工作也展现出独特的轨迹，具体表现为中国的脱贫攻坚战将贫困治理纳入国家治理体系当中，通过中国共产党领导，动员全方位激发社会扶贫潜力，打造推动全民扶贫的新格局。为了克服治理失效的问题，多中心治理以及善治的理论也被有效地运用于中国的反贫困实践当中。其中，善政被普遍认为是减缓贫困的一个关键因素。西方学者格林德尔（Grindle）认为，对许多发展中国家的具有改革思想的公民，以及国际发展社会的学者和从业人员来说，善政已经不仅成为减少贫困的当务之急，也成为发展的当务之急。

钟甫宁（2021）从经济学的角度对中国脱贫所取得的成就进行了较为详尽的解释。他在《中国农村脱贫历史性成就的经济学解释》一文中指出了中国贫困的特殊情况和脱贫的独特道路，并推断工业化以及经济增长对农村脱贫发挥了巨大作用，该作用可能远远超过了狭义的扶贫工作效果，中国的脱贫攻坚所取得的巨大成果更多地应该归功于中国自改革开放以来经济的高速发展和国家工业化的稳步推进（钟甫宁，2021）。具体而言，即是中国过去脱贫的成就主要来自政府主导的经济增长和区域开发，以及瞄准贫困对象的精准帮扶，两者都涉及大规模"逆向"动员资源。"逆向"动员资源的效果取决于地区间资源分布差异，特别是落后地区资源结构失衡程度，即使基础设施和公共服务正外部效应也取决于资源分布的地区差异和失衡程度。

燕继荣等人也从经济发展的维度考察了中国的反贫困历史，指出中国减贫所取得的成就的重要原因之一就是建立了反贫困的经济开发并使其得到有效执行（燕继荣、王禹澔，2020）。

具体到发展经济学，普遍的观点认为发展经济学的首要任务是帮助发展中国家快速摆脱贫穷落后的经济状况。但是，发展经济学的诞生并没有带来预期的经济增长效果，发展中国家多年贫困依旧的面貌使它近乎夭折。发展经济学在20世纪五六十年代经历过快速增长，也在八十年代经历过危机。连玥晗（2018）认为，发展经济学危机的存在与"贫困陷阱"是分不开的，通常处于贫困状态的个人、家庭、群体、区域等由于贫困而不断地再生产出贫困，长期处于贫困的恶性循环中而不能自拔。王忠玉（2020）认为，由班纳吉、迪弗洛和克雷默开创的实证微观经济学方法改变了发展经济学家进行研究的方式，利用他们的实验方法进行研究所发现的大量实质性成果不仅为新一代研究人员奠定了坚实的基础，而且不断提高着人们减轻全球贫困的能力。可以看出，许多学者认为扶贫事业的开展和经济发展密切相关。

　　总体而言，从经济学的角度来看，中国反贫困事业取得巨大成就的根本原因之一就是中国几十年来经济的高速发展。一部分学者也尝试着从逻辑、目标、途径和制度等方面总结中国反贫困理论的特点。例如，李正图（2021）将中国特色反贫困理论的主要内容分为四个方面，分别是制度逻辑和道路逻辑，实践逻辑，中国特色反贫困理论的国家治理逻辑，中国特色反贫困理论的特殊价值和普遍价值。李猛（2020）从三个方面梳理了中国反贫困理论的主要内容，即战略目标是从共同富裕发展为共享发展；根本途径是从发展生产力拓展为解放、发展、保护生产力；制度保障是从社会主义发展为中国特色社会主义。除此之外，其还总结出中国反贫困理论实践方案的特点在于新中国成立之初，变革生产关系，推进生产资料的社会主义改造；改革开放后，变革生产关系，推进所有权与经营权的分离；党的十八大以来，调整上层建筑，强化反贫困的社会主义制度优势。

　　由于中国反贫困事业的推进仍在继续，诸如经济学、管理学和社会学等学科的学者仍从自身学科的角度梳理中国反贫困事业的特色。目前，所公开的理论总结整体而言深度不足，仍需要进行一定的跨学科交流，进行优势互补，这样才能真正形成完整且具有一定深度的理论总结。

第三节　中国特色反贫困的阶段性和不同阶段划分研究

　　中国的反贫困有一个重要特点，即在实践中注重一以贯之并划分阶段性，不同阶段有不同的特点和任务。随着经济社会发展的变迁，经历了多个不同阶段，从最初中国共产党诞生后的制度式扶贫，到新中国成立后建立的救济式扶贫，到1978年改革开放时期"以工代赈"的区域性扶贫，到经济快速发展时期"提升生产力"的大规模开发式扶贫，再到"八七"计划开始之后的攻坚式扶贫战略。党的十八大后，党中央制定和实施了一系列新的战略和政策，将脱贫攻坚工作提高到前所未有的高度，全面打赢了脱贫攻坚战。

一、新中国成立前反剥削革命阶段（1921~1949年）

从中国共产党诞生至新中国成立之初，毛泽东指出，"中国贫困问题主要是由已被推翻的半殖民地半封建社会的制度造成的"①。面对"三座大山"的反动统治，中华民族积贫积弱，广大工农阶级陷入沉重赋税、饥寒交迫、流离失所的贫困生活。因此，推翻半殖民地半封建社会的旧制度，建立社会主义新制度成为这一时期消除贫困的根本前提和必然要求。在解放区，中国共产党团结带领人民进行了长达28年的艰苦斗争，通过领导工人运动、阶级斗争的方法解决人民群众的温饱问题，粉碎了半殖民地半封建社会的旧制度，最终取得新民主主义革命的伟大胜利。这一时期所探索出的社会主义道路、共同富裕、以人民为中心（杨俊，2021）等贫困思想为之后开展贫困治理提供了思路和参考。

二、土地改革和集体化阶段（1949~1978年）

新中国成立初期，为了改变农民根深蒂固的贫困思维，毛泽东指出，"中国目前最严重的问题是教育农民，使农民树立勤劳光荣、懒惰可耻的思想观念"②。在这一时期，对导致贫困的根源和消除贫困的基本思路形成了初步认识。但由于传统的土地所有关系限制了农村生产力的发展，人民生活穷苦不堪。为了解决国民生计问题，以毛泽东为代表的中国共产党人在解放区开展大规模土地改革，将土地合理分配给无地或少地的贫困农民，极大解放和发展了农村生产力。1956~1966年，中国共产党通过对农业、手工业和资本主义工商业的社会主义改造，初步建立了社会主义政治制度和基本经济制度，通过实施生产资料所有权集体化、组建医疗站、救灾救荒、实施"五保"供养、优抚安置（王太明，2021）等举措，保障广大农民的生存权，在一定程度抑制了农村绝对贫困问题。

三、开发式反贫困阶段（1978~1994年）

从20世纪80年代中期开始，我们在全国范围内有计划、有组织、大规模

---

①② 毛泽东. 毛泽东文集［M］. 北京：人民出版社，1999.

地开展扶贫开发工作。1986 年，国务院贫困地区经济开发领导小组成立，安排专项扶贫资金，制定专门的优惠政策，并对传统的救济式扶贫进行彻底改革，确定了开发式扶贫的方针。同年年底，贫困人口从 2.5 亿人减少到 1.25 亿人，占农村人口的比例下降到 14.8%（中华人民共和国国务院办公室，2001）。同时，将重点扶贫的贫困地区摆脱贫困列入国家的"七五"计划（1986 ~ 1990 年），划定 592 个国家重点贫困县，明确扶贫活动以贫困县为单位进行重点扶贫。1992 年，党的十四大明确提出开发式扶贫的重点是 18 个集中连片的贫困地区，并提出使用加大政策扶持力度，以及鼓励经济发展地区对口帮扶老、少边、穷地区这两种方法对贫困地区进行开发式扶贫。总之，这一阶段的扶贫重点是以区域经济增长带动扶贫，实现了"大水漫灌式"扶贫到区域瞄准式扶贫的转变。

四、攻坚式反贫困阶段（1994 ~ 2010 年）

1994 年 4 月，《国家八七扶贫攻坚计划》公布实施，该计划明确要求集中人力、物力、财力，用 7 年左右的时间，基本解决 8000 万农村贫困人口的温饱问题（韩保江、邹一南，2020）。由此，中国扶贫开发进入了最艰难的攻坚阶段。该阶段扶贫政策体系的建立有效地推动了我国扶贫事业的发展。截至 2000 年底，中国农村绝对贫困人口从 8000 万人减少至 3209 万人，贫困发生率下降到 3.4%，《国家八七扶贫攻坚计划》战略目标基本实现。2001 年，国务院颁布实施了《中国农村扶贫开发纲要（2001—2010 年）》，对扶贫工作重点与瞄准对象做出重大调整，把扶贫开发的重点放在贫困人口集中的中西部少数民族地区、革命老区、边疆地区和特困地区，"以县为基本单元、以贫困乡村为基础"推进扶贫（陈济冬、曹玉瑾和张也驰，2020）。扶贫资金覆盖非重点县的贫困村。通过实施产业扶贫、基础设施扶贫、异地安置扶贫、劳动力培训扶贫以及民生扶贫等诸多举措，对贫困人口进行"造血式"扶贫。自实施有计划的农村扶贫开发以来，贫困地区的经济发展明显增强，贫困地区农民收入持续提高（汪三贵，2018）。

五、精准扶贫、精准脱贫阶段（2011 ~ 2020 年）

2011 年，国家颁布实施了《中国农村扶贫开发纲要（2011—2020 年）》，这是我国第二个扶贫开发十年纲要，提出了"两不愁三保障"的总体目标，对于进一步加快贫困地区发展，促进共同富裕，实现到 2020 年全面建成小康社会奋斗目标具有重要意义。2011 年以来，特别是党的十八大以来，我国建立了较为完善的精准扶贫工作机制，对贫困村、贫困户建档立卡，建立精准扶贫台账，实行有进有出的动态管理，向贫困村派驻第一书记和驻村工作队，建立精准扶贫绩效考核和奖惩并举制度，有效地提高了扶贫工作的成效。同时，广泛动员全社会力量采取灵活多样的形式参与扶贫，形成了政府与社会合力消除贫困的良好局面。经过多年艰辛的脱贫攻坚战，我国于 2020 年 11 月如期完成了脱贫攻坚目标任务，在发展中国家率先消除绝对贫困人口。"历经 8 年，现行标准下近 1 亿农村贫困人口全部脱贫，832 个贫困县全部摘帽。"[1]

2021 年 2 月，习近平总书记在全国脱贫攻坚总结表彰大会上首次提出"中国特色反贫困理论"，深刻揭示了脱贫攻坚取得全面胜利的制胜之道。习近平总书记指出，中国立足国情，把握减贫规律，出台一系列超常规政策举措，构建了一整套行之有效的政策体系、工作体系、制度体系，走出了一条中国特色减贫道路，形成了中国特色反贫困理论[2]。这一理论对于发展中国家进行反贫困治理具有重要的参考价值，同时也丰富和发展了国际反贫困理论。但脱贫攻坚目标任务的如期完成并不是中国反贫困事业的终结，而是中国反贫困事业的又一个开端，中国特色的反贫困理论将会在中国实现共同富裕的道路上继续发展完善。

第四节　关于中国特色反贫困理论综述的总结

理论界与实践界对中国不同阶段反贫困的政策实践展开了广泛研究，剖析中国特色的反贫困机理，总结具有中国智慧的反贫困路径，为中国未来的反贫

[1]　国家主席习近平发表二〇二一年新年贺词 [N]. 人民日报, 2021 - 01 - 01 (001)。
[2]　中共中央党校. 习近平：在全国脱贫攻坚总结表彰大会上的讲话 [EB/OL]. [2021 - 7 - 23]. https：//www.ccps.gov.cn/xxsxk/zyls/202102/t20210225_147585.shtml.

困工作（巩固脱贫成果、防止返贫和相对贫困治理）奠定了更加坚实的基础，同时也为世界反贫困理论与实践贡献中国力量。

中国政府和学界对于中国特色反贫困理论的主要特点达成基本共识，但各自关注的侧重点不尽相同。例如，刘志铭（2021）总结了中国特色反贫困理论的要义：在中国共产党的坚强领导下，以人民为中心，充分发挥中国特色社会主义的制度优越性，激发群众的内生力量并形成全社会的合力，以精准扶贫为方略，求真务实，做到"真扶贫、扶真贫、脱真贫"。但是，中国在反贫困事业的特色远远不止上述这些内容。总的来说，本书认为中国特色反贫困理论有以下几个要点。

一、坚持以人为本的发展思想

以人为本的思想早在几千年前便深深扎根于中华民族的价值体系中。如同欧洲人冲破神权和王权创立了人本主义一样，早在春秋时期，中国人就尝试着打破"天"的权威，对人的力量以及人在社会和宇宙中的地位进行了一次反省，从此不再盯着外在的神秘力量——天，而是从自己身上寻找社会变化的原因，并在此过程中萌发了人本思想，人不仅成了"神之主"和"国之主"，甚至国君也要"忠于民""利于民"。在漫长的封建专制时代，诸如"天下为公""天之生民，非为君也；天之立君，以为民也""治国之道，富民为始"和"民惟邦本，本固邦宁"等史不绝书，以人为本的思想逐步成为中华民族的重要文化内核之一。正是因为始终坚持和贯彻以人为本的思想，中国才能够给予反贫困事业以如此高的重视。这种坚持和贯彻不仅仅体现在顶层设计方面，也体现在整个反贫困实践的推进过程中，是中国反贫困事业取得显著成果的文化内核。

二、充分发挥社会主义制度优势

习近平总书记强调，我们最大的优势是我国社会主义制度能够集中力量办大事，这是我们成就事业的重要法宝。具体而言，就是中国特色社会主义制度能够充分地发挥政府的主导作用，高效地集中整个国家的人力、物力和财力，从而在社会、思想、制度、政策和行动等方面形成巨大的合力，以最大限度地保证在规定的时间范围内完成既定的目标任务（郝永平、黄相怀，2020）。中国成为世界上减贫人口最多的国家，也是世界上率先完成联合国千年发展目标的国家。这一成就足以载入人类社会发展史册，也足以向世界证明中国共产党领导和中国特色社会主义制度的优越性①。总而言之，该优势是中国能在 2020 年如期完成脱贫攻坚目标任务的重要支撑和保障。

此外，习近平总书记指出，如果长期不能改变贫困地区的贫困面貌、提高人民群众的生活水平，那就没有体现出社会主义制度相较于其他制度的优越性②。不仅如此，社会主义制度的优势还进一步体现在中国对于共同富裕的追求上，反贫困事业深入推进的本质就是中国对于共同富裕的追求，而共同富裕则是社会主义的本质③和奋斗目标。蒋永穆等也认为贫困的复杂性决定了贫困治理必然涉及诸多领域和诸多部门，社会主义制度能够确保在减贫事业中集中力量办大事（蒋永穆、万腾和卢洋，2020）。中国政府在反贫困实践中充分发挥中国特色社会主义的制度优越性，这是脱贫攻坚取得全面胜利的根本原因之一。

三、坚持党的集中统一领导

除了社会主义制度，党的领导也是中国抵御风险挑战、聚力攻坚克难的根本保证，坚持党的领导是脱贫攻坚的政治和组织保证。中国共产党将为人民服务作为党的根本宗旨和初心使命④，因此，一代又一代的共产党人都致力于人民共同的事业。不仅如此，中国是世界上人口最多的国家，同时仍处于发展中国家的序列，人均 GDP 距离发达国家平均水平仍有不小的差距，因此中国的脱贫攻坚事业推进难度较大，中国的反贫困斗争是一项极为复杂的系统性工程。

缩小贫富差距是中国反贫困的重要目的之一，也是中国反贫困的重要特点。因此，反贫困事业对中国来说，在某种意义上，不仅仅是贫困人口的事业，也不仅仅是政府的事业，而是整个国家发展的重要事业。中国近几十年

---

① 中华人民共和国国务院新闻办公室. 中国的减贫行动与人权进步 [N]. 人民日报（海外版），2016 - 10 - 18（5）.
② 中共中央党史和文献研究院. 习近平扶贫论述摘编 [M]. 北京：中央文献出版社，2018.
③ 邓小平. 邓小平文选（第 3 卷）[M]. 北京：人民出版社，1993.
④ 习近平. 在纪念毛泽东同志诞辰 120 周年座谈会上的讲话 [M]. 北京：人民出版社，2013.

来在反贫困事业上投入的各方面资源是不可估量的，而想要使用好体量如此之大的资源，真正发挥其反贫困的效果，必定需要一个坚强的领导核心——中国共产党。中国共产党始终坚持以人民为中心的发展思想，即发展是为了人民、发展依靠人民、发展成果由人民共享（邹绍清、王红云，2017）。因此，中国共产党的坚强领导是中国脱贫攻坚能够取得全面胜利的根本原因之一。

四、整体性贫困治理体系及其能力提升

党的十八届三中全会提出，全面深化改革的总目标是完善和发展中国特色社会主义制度，推进国家治理体系和治理能力现代化。中国政府在实践中将该目标与脱贫攻坚的目标有机结合。

中国政府所贯彻的具有中国特色的整体性贫困治理理念以人民为中心，具体体现在两个方面：一是在扶贫方式上，推动从"自上而下"的单向扶贫向"上下互动"的扶贫方式转变，实现从"被动脱贫"向"主动脱贫"的转变；二是在扶贫政策上，始终以贫困群众的需求为主线，通过多方位、有计划的扶贫政策，解决贫困群众的持续发展问题，让发展成果更多地惠及贫困群众。整体性贫困治理通过推动纵向和横向政府组织间的协调合作，整合人力、财力、物力，以信息技术为基础建立了以贫困群众需求为取向的整体性组织运行机制，向贫困群众提供全方位服务，在脱贫攻坚事业的推进过程中起到了巨大作用。而政府治理能力的提升使得整体反贫困事业的推进更加平稳，各级政府单位在反贫困实践中也进一步淬炼了自身的治理能力。两者相辅相成，互相促进。

五、依托宏观经济发展带动反贫困事业

自改革开放以来，以经济建设为中心就是中国始终坚持的基本思路，是立国之本。也正是因为中国经济的高速发展，使得中国能够在反贫困事业上投入足够的资源。党的十八大以来，解放和发展生产力仍然被视为反贫困、实现共同富裕的关键所在。要全面建成小康社会、实现中华民族伟大复兴、建设社会主义现代化国家，最紧迫、最根本的任务是进一步解放生产力、发展生产力，

而解放思想、增强社会活力是为了更好地解放和发展生产力①。

不仅如此，中国政府进一步将发展生产力拓展为解放、发展和保护生产力，这是解决贫困问题的根本途径。用马克思的话来说，即是"一定的生产方式或一定的工业阶段始终是与一定的共同活动的方式或一定的社会阶段联系着的，而这种共同活动方式本身就是'生产力'；由此可见，人们所达到的生产力的总和决定着社会状况"②。因此，重视经济社会和生产力的发展是中国反贫困事业的重要特点之一。通过宏观经济的发展，为反贫困事业提供基础性物质保障，并在经济高质量发展的惯性运动中拉动反贫困事业取得显著成效。

六、强化农民资产能力建设与脱贫动力培育

中国在反贫困实践中注重内源式发展与可持续性脱贫，通过强调脱贫主体自身作用，采用救助式扶贫和开发式扶贫相结合的方式，有效避免了单一援助式扶贫的固有缺陷；通过强化农民资产能力建设重塑农民生计系统，有效提升了农民的风险防范能力与创收能力，进而形成内源式发展的良性循环，实现脱贫成效可持续。同时，反贫困既要解决物质上的贫困问题，也要化解精神贫困问题。由于存在小部分贫困群体因为自身的进取心不强而致贫的情况，因此救助式的帮扶措施无法使其真正脱离贫困。对于这部分群体，必须贯彻参与式扶贫的思路，使其认识到自己才是反贫困事业的主体，从而充分地发挥主体作用，摆脱思想意识上的贫困（何祥、李祥兴，2021），激发内生脱贫动力，做到不仅能够脱离绝对贫困，而且能够稳步提高脱贫质量，预防返贫现象的发生。习近平总书记也指出，要引导贫困群众树立"宁愿苦干、不愿苦熬"的观念，自力更生、艰苦奋斗，用自己的辛勤劳动实现脱贫致富③。不仅如此，部分学者还强调注重建档立卡户的自我发展能力（左停、李泽峰和林秋香，

---

① 习近平. 切实把思想统一到党的十八届三中全会精神上来 ［N］. 北京：人民日报，2014 - 01 - 01.

② 中共中央马克思恩格斯列宁斯大林著作编译局. 马克思恩格斯选集（第 1 卷）［M］. 北京：人民出版社，2012.

③ 中共中央宣传部. 习近平总书记系列重要讲话读本 ［M］. 北京：学习出版社，人民出版社，2016.

2021；钱力、倪修凤和宋俊秀，2020；徐孝勇、曾恒源，2019），认为提高贫困人口自我发展能力是贫困治理的治本之策（段丽、张礼建，2021）。

总体而言，中国的脱贫攻坚可以称得上是一项系统工程，也是一场深刻的社会革命。反贫困斗争不只是物质层面的变革，更需要思想观念的重塑、精神力量的支撑和优良作风的保障。因此，扶贫与扶志、扶智相结合，激发贫困群体内生脱贫动力是中国反贫困事业取得巨大成就不可忽视的特色。

七、坚持精准扶贫方略和精准脱贫方略

中国政府带领人民坚持精准扶贫方略，坚持把发展作为解决贫困的根本途径，因村因户因人施策，因贫困原因施策，因贫困类型施策，实现由"输血式"扶贫向"造血式"帮扶转变（蒋永穆、江玮和万腾，2019），注重发挥精准"滴灌效应"，有效对冲了西方国家的"涓滴效应衰减"[1]。诸多实践证明，精准施策是攻坚克难的科学方法，发展是解决贫困问题的总钥匙。其中，"六个精准""五个一批"等精准扶贫举措以及"两不愁三保障"多维扶贫标准独具中国特色。

除此之外，中国还参照国际权威机构标准并结合中国国情制定了多维扶贫标准，综合了教育、健康、生活标准等多个维度，将"两不愁三保障"定为贫困人口脱贫的基本要求和核心指标。

在反贫困工作的具体推进上，中国政府因地制宜、因势利导，根据群体、产业和区域的不同精准施策。在区域方面，因地制宜地发展合适的产业，对于地区环境和条件过于恶劣的，宜采取易地搬迁的方式。在产业方面，开创性地使用了光伏产业、公益性岗位和扶贫车间等扶贫形式。在群体方面，注重根据妇女、儿童以及老弱病残等特殊群体的特征，采取不同程度的扶贫方略。总体而言，坚持精准扶贫方略和精准脱贫方略是中国反贫困事业能够取得突出效果的核心所在。

八、构建全社会参与的扶贫机制

基于市场的开发式扶贫手段，除了针对区域与个体的瞄准机制，全社会参

---

[1]　新华社国家高端智库报告：《中国减贫学——政治经济学视野下的中国减贫理论与实践》，第37页。

与的扶贫机制也是中国贫困治理的基本经验，其实质就是得益于全社会扶危济困的浓厚氛围的营造和社会力量的广泛凝聚。

中国政府在反贫困事业的推进过程中始终坚持动员全社会参与，积极鼓励和引导多方力量参与，坚持以政府部门为主导，协同引导社会组织、市场主体、贫困群众等多元主体共同参与脱贫攻坚，形成跨地区、跨部门、跨单位、多主体、多渠道、全社会共同参与的多元主体的社会扶贫体系①。通过多元主体的协同治理，最大化地凝聚各方力量与智慧，整合多方资源。中国所建立的全社会参与的扶贫机制是中国反贫困事业的鲜明特点之一，而这是世界上许多国家难以做到的一个重要方面。

综上所述，理论界通过对中国反贫困实践的系统梳理，总结归纳出一系列体系完备的中国反贫困经验，并在此基础上进一步提炼出中国反贫困理论。脱胎于中国丰富的反贫困实践基础上的反贫困理论具有鲜明的中国特色，深刻彰显出中国反贫困理论的前沿成果。但与此同时，中国反贫困理论注重中国经验与中国方案的提炼，而缺少全球视角的回应，即中国反贫困理论成果的取得在很大程度上得益于中国共产党的正确指导以及社会主义制度"集中力量办大事"等制度优势。换言之，着眼于世界视角审视中国反贫困理论，应厘清其独具中国特色的反贫困理论与兼具世界意义的反贫困理论，进而归纳出更具一般意义的、超脱于政党与社会制度的反贫困理论，从而提升中国反贫困理论的适用性与推广性。由此，课题组通过对中国反贫困理论的世界性抽象与普适性提炼，提出整体性贫困治理与农户资产和能力建设理论对于解决世界贫困、指导全球反贫困实践更具针对性和适切性。

整体性贫困治理理论通过广泛的经济增长发挥益贫作用和精准性的群体瞄准发挥帮扶带动作用，强化对反贫困的双向作用机制形成系统性反贫困体系。农户资产和能力建设理论着眼于微观个体的生计系统优化，通过强化农户资产和能力建设，形成正向的内循环机制，改变其边缘化的弱势地位，有助于形成可持续性脱贫。简言之，无论是宏观视角的整体性贫困治理理论，还是微观视角的农户资产和能力建设理论，均立足于中国的具体实践，但又兼具世界反贫

---

① 习近平. 携手消除贫困 促进共同发展——在2015减贫与发展高层论坛主旨演讲［N］. 人民日报，2015 – 10 – 17.

困全球意义，既拓展了全球反贫困理论成果，又为世界反贫困实践提供了切实可行的普适性指导方案。

接下来的两章将对中国的整体性贫困治理理论（Holistic Anti-Poverty Governance，HAPG）以及农户资产和能力建设理论（Assets and Capacity Building for Livelihoods，ACBL）进行专门论述。

第四章 整体性治理：从宏观层面调动扶贫资源的中国反贫困理论

在全面建成小康社会、实现中华民族伟大复兴的中国梦的进程中，脱贫攻坚发挥着关键作用。党的十八大以来，习近平总书记亲自指挥、亲自部署，把脱贫攻坚作为"十三五"期间头等大事和第一民生工程来抓，坚持整体性贫困治理①。贫困地区以脱贫攻坚为主旋律，以统揽全局为引领，积极践行"以脱贫攻坚统揽经济社会发展全局"总要求，把贫困治理纳入国家治理的战略目标，凭借国家制度体系的政治和行政优势，运用中央和地方政府财政储备，采用产业脱贫、搬迁脱贫、生态补偿脱贫、教育支持脱贫、社会保障兜底脱贫等多种手段，实现了农村贫困人口脱贫的目标（燕继荣，2020），形成了整体性的贫困治理体系。中国把贫困问题当作头等重大问题来解决并在几十年内取得大规模减贫成就，这在人类历史上绝无仅有（汪三贵，2020）。整体性贫困治理体系是当前全面建成小康社会的必要条件，是国家步入经济发展新常态下的战略抉择，是满足人民美好生活需求的必经之路（张琦，2020），也是对中国共产党组织领导能力、改革创新能力、社会动员能力、贯彻落实能力的一场考验（黄承伟，2020）。为了提高反贫困治理绩效，在脱贫攻坚期内我国反贫困治理重心不断下移，反贫困协作治理框架逐步形成，反贫困中不同利益主体参与扩大，反贫困治理工具措施载体呈现多样化（左停、金菁和李卓，2017），进一步完善了中国特色的贫困治理机制。在脱贫攻坚期内，中国形成了"以脱贫攻坚统揽经济社会发展全局"的基本面，为打赢脱贫攻坚战奠定了战略基础，为实现"脱真贫""真脱贫"积累了宝贵经验。

---

① 中共中央党史和文献研究院，习近平扶贫论述摘编［M］．北京：中央文献出版社，2018.

第一节　整体性贫困治理体系的理论源流

贫困地区整体性贫困治理体系是习近平关于扶贫重要论述的有机组成部分，深刻反映了马克思主义基本原理的主要内容，充分彰显了中国特色社会主义制度优越性，有力推动了全体中国人民共同富裕的进程。这一精辟论述来源于马克思主义的基本原理和基本方法。

一、抓住了贫困地区发展的主要矛盾与矛盾的主要方面，是辩证唯物主义思想在脱贫攻坚领域的实践运用

整体性贫困治理体系抓住了贫困地区发展的主要矛盾和矛盾的主要方面，具有丰富的理论内涵和实践意义，是辩证唯物主义思想方法在脱贫攻坚领域的实践运用。面对复杂形势和繁重任务，首先要有全局观，对各种矛盾做到心中有数，同时又要优先解决主要矛盾和矛盾的主要方面，以此带动其他矛盾的解决①。脱贫攻坚工作涉及面广、覆盖面宽，要充分考虑贫困地区发展过程中的各类经济社会矛盾，坚持两点论和重点论的统一。一方面，要准确把握事物发展中的主要矛盾。对于贫困地区而言，面临经济社会发展的各项工作，解决好贫困人口的脱贫问题是当前头等大事，脱贫攻坚已成为贫困地区必须要着力解决的主要矛盾。随着贫困地区经济实力的提升，必然会逐步促进政治结构的完善、文化的繁荣和生态文明的持续发展，各种次要矛盾也将逐步迎刃而解，从而实现贫困地区长期稳定脱贫。另一方面，要聚焦事物发展中矛盾的主要方面。在正确认识事物的过程中，必须分清矛盾的主要方面和次要方面，着重把握矛盾的主要方面。我国已经明确了贫困地区到2020年全部脱贫的目标，为了实现这一目标，全国上下投入巨大的人力、物力、财力，围绕事关贫困人口切实利益的收入、温饱、教育、医疗、住房等问题开展多项工作。但是，在实施精准扶贫精准脱贫中要重点把握"两不愁三保障"这一底线要求，重点聚焦深度贫困地区以及易返贫群体，既不降低标准，也不吊高胃口，同时还要防

---

① 习近平. 辩证唯物主义是中国共产党人的世界观和方法论 [J]. 求是，2019 (1).

止形式主义、官僚主义滋生，保证脱贫质量。习近平总书记强调，抓扶贫开发，既要整体联动、有共性的要求和措施，又要突出重点、加强对特困村和特困户的帮扶。① 这就要求贫困地区牢牢坚持矛盾普遍性与特殊性的统一，两点论与重点论的统一，从扶贫对象、扶贫内容到扶贫效果，每一个环节都扎实推进，这样才能确保全国人民顺利步入小康社会。

二、着眼于完善和创新贫困地区不同主体利益联结，是马克思主义政治经济学在脱贫攻坚领域的实践运用

整体性贫困治理体系聚焦贫困地区和贫困人口开展精准扶贫，着眼于完善和创新贫困地区不同主体利益联结，解决贫困人口的发展动力和能力，是马克思主义政治经济学在脱贫攻坚领域的实践运用。马克思主义政治经济学通过对劳动价值论和剩余价值论的批判，构建了贫困产生以及贫困消除的研究框架。马克思主义从实现人的解放与自由全面发展的角度，提出了制度改革、发展生产力和消灭阶级剥削等贫困治理路径，为中国共产党开展贫困治理工作提供了理论依据，为中国脱贫攻坚指明了实践方向。党的十八大以来，为进一步破解阻碍中国社会主义现代化建设的贫困难题，习近平总书记把马克思贫困理论与新时代中国社会实际相结合，创新发展了新时代中国扶贫脱贫思想，提出了精准扶贫、脱贫攻坚的战略举措。2014 年习近平总书记在内蒙古调研时曾指出，要探索一些好办法，建立企业与农牧民利益联结机制，帮助农牧民更多分享产业利润效益，真正同龙头企业等经营主体形成利益共同体（钟真，2020）。在全面认清和研判贫困地区发展现状的基础上，各地逐步化解制度风险、破除制度弊端，不断激发脱贫主体的积极性，释放脱贫主体的强大动力。贫困地区积极将"六个精准"与"五个一批"紧密结合，坚持扶贫攻坚与全局工作相结合，走统筹扶贫的路子；坚持连片开发与分类扶持相结合，走精确扶贫的路子；坚持行政推动与市场驱动相结合，走开放扶贫的路子；坚持"三位一体"与自力更生相结合，走"造血"扶贫的路子；坚持资源开发与生态保护相结合，走生态扶贫的路子。同时，贫困地区因地制宜精准扶贫、众志成城脱贫攻

---

① 深化改革开放推进创新驱动 实现全年经济社会发展目标［N］. 人民日报，2013 – 11 – 06（001）.

坚，因户因人施策、落实到村到户到人，完善"农户＋合作社""农户＋公司"利益联结机制，打破传统单纯依靠物质资本的"输血式"扶贫，转向注重贫困人口自我发展能力提升的"造血式"扶贫，不断提升贫困地区、贫困人口的内生脱贫动力和持续发展能力，从而提高扶贫和脱贫质量，防止返贫现象的发生，做到"真扶贫""扶真贫"，构建农村贫困人口脱贫致富的长效机制。

三、把握人类社会发展的基本规律，是科学社会主义理论在脱贫攻坚领域的实践运用

整体性贫困治理体系把握了人类社会发展的基本规律，是科学社会主义理论在脱贫攻坚领域的实践运用。建设中国特色社会主义，必须补好贫困地区发展不充分的短板问题。马克思、恩格斯深刻揭示了人类社会发展的一般规律，并创立科学社会主义理论。社会主义社会要大力发展生产力，逐步消灭剥削和消除两极分化，实现共同富裕和社会全面进步。贫困地区整体性贫困治理体系是实现共同富裕、补齐全面建成小康社会短板的必然要求。习近平总书记指出："贫穷不是社会主义。如果贫困地区长期贫困，面貌长期得不到改变，群众生活长期得不到明显提高，那就没有体现我国社会主义制度的优越性，那也不是社会主义"。① 建设中国特色社会主义，必须坚持以消除贫困为首要任务，以改善民生为基本目的，以实现共同富裕为根本方向。当前，实现社会主义现代化的短板是农业，脱贫攻坚的重点在农村，实现共同富裕的难点是贫困人口。习近平总书记强调："全面小康，覆盖的领域要全面，是五位一体全面进步；覆盖的人口要全面，是惠及全体人民的小康；覆盖的区域要全面，是城乡区域共同的小康"②。贫困地区整体性贫困治理体系是满足人民群众对美好生活需要的内在要求。马克思立足无产阶级立场，在对资本主义制度进行批判的过程中逐步形成了科学的贫困理论，指出只有从制度上进行变革，铲除阶级剥削与压迫的基础，才能最终消除贫困，只有生产将以所有的人富裕为目的，所有人共同享受大家创造出来的福利，才能实现人的自由与全面发展。因此，社

---

① 中共中央党史和文献研究院. 习近平扶贫论述摘编［M］. 北京：中央文献出版社，2018.
② 习近平. 在党的十八届五中全会第二次全体会议上的讲话［J］. 求是，2016（1）.

会主义社会要以满足全体社会成员的需要为生产的根本目的。在社会历史领域，人民群众是社会实践的主体，是历史的创造者，习近平总书记从"一切为了群众"的根本出发，站在新的历史起点上，提出"人民对美好生活的向往就是我们的奋斗目标"①。我国经济社会发展仍然存在区域差异、城乡差异、群体差异，中西部地区、农村贫困地区、老少边穷岛地区发展相对滞后，尤其是贫困人口的生活状况依然困苦。贫困地区要准确把握贫困群众的利益和诉求，坚持以消除贫困为首要任务，以改善民生为基本目的，以实现共同富裕为根本方向，有效推进脱贫攻坚各项工作，为中国特色社会主义建设奠定基础。

四、体现了理论与实践相结合，是马克思主义思想方法和工作方法在脱贫攻坚领域的实践运用

作为世界上最大的发展中国家，如何摆脱贫困、战胜贫困并没有现成的答案供我们借鉴，整体性贫困治理体系体现了理论与实践相结合的马克思主义思想方法和工作方法，为我国反贫困工作提供了有力指导。我们必须清醒地认识到，马克思主义始终是我们党和国家的根本指导思想，是我们认识世界、把握规律、追求真理、改造世界的强大思想武器。掌握好、运用好马克思主义思想方法和工作方法，是不断推进新时代中国特色社会主义伟大事业，夺取伟大胜利，实现中华民族伟大复兴的中国梦的重要方法。党的十八大以来，以习近平同志为核心的党中央把扶贫开发摆在治国理政的突出位置，带领全党全社会不断探索扶贫开发的新路径、新举措，在实践中总结和归纳出一系列切合我国国情的扶贫开发理论，不断推进扶贫实践基础上的理论创新。习近平总书记指出，实事求是是马克思主义的根本观点，是中国共产党人认识世界、改造世界的根本要求，是我们党的基本思想方法、工作方法、领导方法②。整体性贫困治理体系正是坚持一切从实际出发来研究和解决我国的贫困问题，坚持理论联系实际来制定和形成指导实践发展的正确方针政策，坚持在实践中检验真理和发展真理。我国脱贫攻坚的理论来源于实践，又高于实践，并用于指导实践，同时在实践中得到进一步的丰富和发展。整体性贫困治理体系丰富了新时代中

① 中共中央文献研究室．十八大以来重要文献选编［M］．北京：中央文献出版社，2014．
② 习近平．在纪念毛泽东同志诞辰120周年座谈会上的讲话［N］．人民日报，2013－12－27（002）．

国特色社会主义理论，包括国家治理理论、贫困地区经济社会发展理论、脱贫攻坚理论等。整体性贫困治理体系充实了反贫困体系内容（方矻、吴旦魁，2019），包括产业扶贫、电商扶贫、生态扶贫、旅游扶贫、教育扶贫、健康扶贫、易地扶贫搬迁等。贫困是社会经济发展体系的一个短板，需要社会与经济多方面的政策回应。贫困地区整体性贫困治理体系具有丰富的减贫微观机理视角的内涵，形成了有效的实践逻辑体系。整体性贫困治理体系不仅符合贫困地区实际情况，也得到了很好的践行，并取得了良好的实践效果，其基本理论内容也不断丰富，成为中国脱贫攻坚经验的基本面。

第二节　整体性贫困治理体系的践行与创新

以脱贫攻坚统揽经济社会发展全局，既是党中央的明确要求，亦是打赢脱贫攻坚战的客观要求，更是全面建成小康社会的必然要求。我国以统揽之势，聚全国之力，以统揽之举，求决胜之效，通过凝聚社会减贫共识、构建有效治理体系、整合财政涉农资金、打造多维扶贫格局、提升就业发展能力、优化经济环境结构、营造关心贫困氛围的丰富实践，形成了以整体性贫困治理体系为总要求的有效的治理体系。

一、凝聚全党和全社会的减贫共识，为脱贫攻坚提供思想引领

整体性贫困治理，就是要在打赢脱贫攻坚战过程中凝聚全党全社会减贫共识、统一减贫发展思想理论，夯实经济社会发展基础、聚拢工作重心，增强发展能力、提升发展水平并强化大扶贫格局，从而建成没有贫困的小康社会，实现中华民族伟大复兴。坚持整体性贫困治理体系是由脱贫攻坚过程中化解贫困问题的现实要求决定的。基于贫困的复杂性与长期性统筹考量，用更长远、更宽广的视角审视贫困问题，将其内嵌至经济社会发展全局，方能从根本上解决贫困问题。脱贫攻坚与经济社会发展是一个互动耦合系统。整体性贫困治理蕴含着通过脱贫攻坚促进经济社会发展的可能性。在脱贫攻坚过程中，把各部门分散的项目、资金和资源整合起来，把政府的支持、市场的推动、社会的帮扶整合起来，通过目标导向、层层传导，形成合力共识，将贫困问题作为贫困地

区亟待优先解决的关键问题，并通过解决贫困问题，进而解决落后地区发展的主要障碍。

二、构建有效的回应性治理体系，为脱贫攻坚奠定制度基础

脱贫攻坚任务的完成需要坚持政府主导，增强社会合力，即强化政府责任，引领市场、社会协同发力，鼓励先富帮后富，构建专项扶贫、行业扶贫、社会扶贫互为补充的大扶贫格局。而有效并具备回应性的治理体系是凝聚政府、市场与社会三方的重要力量，亦是打赢脱贫攻坚战的有力保障。有效的治理体系是一个有机的制度系统，从中央到地方各个层级，从政府治理到社会治理，各种制度安排作为一个统一的整体相互协调，密不可分。回应性的治理体系即积极回应脱贫攻坚所要实现的目标，着眼于扶贫过程中的现实问题以及广大农民对美好生活的向往。整体性贫困治理着力构建有效地回应性治理体系，建立跨部门的领导小组制度和领导小组双组长制度，确保从中央到地方的扶贫开发领导小组积极投身于脱贫攻坚工作当中；通过五级书记抓扶贫，层层签订的责任制度，把扶贫做真、做实，形成强大攻坚合力；通过第一书记和驻村工作队制度，加强农村基层组织建设，解决一些贫困村"软、散、乱、穷"等突出问题；通过严格的检查和退出考核制度，全流程、全方位、真实、客观地展示精准扶贫精准脱贫工作全貌，有效推进政府精准扶贫在治理上的优化，切实提高脱贫攻坚的精准度、实效性和可持续性。

三、施行财政涉农资金县级整合政策，为脱贫攻坚提供财政保障

施行财政涉农资金县级整合政策，以形成"多个渠道引水、一个龙头放水"的扶贫投入新格局，为脱贫攻坚提供坚实的财政保障。为了提高涉农资金的使用效益和国家支农政策效果，2017年国务院颁布《国务院关于探索建立涉农资金统筹整合长效机制的意见》，鼓励贫困县根据行业内资金整合与行业间资金统筹的工作思路，因地制宜开展多层级、多形式的涉农资金统筹整合。其中，涉农专项转移支付以农业专项资金、动物防疫、农业综合开发、土地整治、林业生态保护恢复、林业改革发展、水利发展、农业生产救灾及特大防汛抗旱等大专项为主体；涉农基建投资以重大水利工程、灌区节水改造、水生态及中小河流治理等其他水利工程、农村饮水安全巩固提升、重大水利项目

勘察设计等前期工作、农业生产发展、农业可持续发展、现代农业支撑体系、森林资源培育、重点区域生态保护与修复、生态保护支撑体系、农村民生工程等大专项为主体。财政涉农资金县级整合充分发挥我国社会主义的制度优势，通过全面调动资源，集中注意力和精力，以压倒性优势解决问题，为集中力量全面打赢脱贫攻坚战提供了重要的财政保障。

四、打造多部门参与的多维扶贫格局，推动实现扶贫理念主流化

贫困的多维性决定了贫困治理主体和治理手段的多元化。随着扶贫目标、要求和任务从单一维度向多个维度转变，多部门共同参与的多维扶贫格局日渐形成。多部门参与的多维扶贫格局即采取精确瞄准、因地制宜、分类施策，以产业发展、转移就业、易地搬迁、教育扶贫、健康扶贫、生态保护扶贫、保障兜底、社会扶贫等为主要手段和实现途径，进而实现稳步提高贫困人口增收脱贫能力。在脱贫攻坚过程中，多部门联合行动，共同攻克贫困难题，通过实施易地扶贫搬迁和危房改造，切实解决农民住房安全问题；通过实施生态扶贫与公益性岗位，构建脱贫可持续发展机制；通过实施教育扶贫政策，阻断贫困代际传递机制；通过实施健康扶贫政策，阻断因病致贫、返贫机制；通过实施社会保障扶贫政策，构建社会安全网；通过实施基本公共服务和基础设施扶贫政策，健全完善脱贫发展环境机制。与此同时，在全社会范围内营造扶贫主流话语权，推动实现扶贫理念主流化。

五、统筹不同类型的减贫与发展目标对象，切实提升贫困人口就业发展能力

稳定就业是实现贫困群众脱贫致富，打赢脱贫攻坚战的重要保障。随着脱贫攻坚的深入推进，就业扶贫的优势和重要性日益凸显，这既是巩固当前的脱贫成果、有效防止返贫的重要举措，也为保障贫困人群个体的生存和发展、维护国家社会稳定起到重要作用。就业扶贫的主要政策措施包括促进转移就业、加强技能培训和完善就业服务三个方面。促进转移就业是就业扶贫的核心内容，也是实现困难群众稳定脱贫的重要路径，即通过各种途径拓宽就业渠道、创造劳动岗位，主要表现为四种形式：一是发展县域产业，吸纳劳动力就近就地就业；二是支持各类人群返乡创业，带动就业；三是通过劳务协作，有组织

地引导劳动力外出就业；四是开发公益性岗位托底安置就业。技能培训和就业服务是转移就业政策的有效支撑与补充，目的在于提高劳动者的就业能力并增强其就业稳定性。目前，非农收入已经成为农民收入结构中的主要组成部分，在一定程度上是衡量脱贫与否的关键指标。建立稳定就业长效脱贫机制，有助于贫困人口提升自身的人力资本，增强个人的获得感，激发内生动力和脱贫能力，同时也对新型城镇化建设、实现全面建成小康社会具有正向的溢出效应。

六、优化有利于穷人的经济环境与结构，将脱贫攻坚嵌入经济发展之中

脱贫攻坚是一场持久战，为最大限度地实现脱贫效果，巩固现有的脱贫成果，外部环境也起着至关重要的作用。我国积极探索有益穷人发展的经济发展环境和经济结构，积极将脱贫攻坚和乡村县域发展结合起来，注重减贫基础条件、内生发展能力、文化发展和治理体系的培育，把减贫嵌入发展中，形成包容性发展，形成发展引领型的可持续脱贫模式。具体而言，首先，做好不同时间节点和发展阶段脱贫安排的有机衔接；其次，扶贫与发展有效衔接，贫困村与非贫困村平衡发展；再次，扶贫项目行动的短期和长期结合，在扶贫政策上，既有长期坚持的政策设计，也有针对当前发展困境进行脱贫攻坚，一次性解决的村级基础设施建设，村级公共服务大厅建设，农户危旧房屋改造政策等；最后，在产业扶持上，既鼓励当前投入少、见效快的扶贫车间、扶贫驿站以及光伏电站等瞄准当前精准扶贫阶段特殊需求的政策，也有促进农民基本能力建设的各种培训行动，以及培育当地发展环境等着眼于未来经济发展的长期见效的政策，将农户的短期收益和长期发展结合起来。将脱贫攻坚嵌入经济发展体系之中，通过为贫困人口创造一个综合发展平台，创造良好的就业环境，鼓励有条件的劳动力外出就业，发展贫困地区当地的产业，促进贫困地区资源转化等途径，逐步形成和优化有利于穷人的经济环境与结构。

七、调动全社会的积极性，形成关心关注贫困的社会氛围

在当前脱贫攻坚的新形势下，社会扶贫作为政府、市场、社会协同推进的大扶贫格局的重要组成部分，对于打赢脱贫攻坚战、实现全面建成小康社会的战略目标具有重要的意义。扶贫不仅仅是政府的职责，更是需要全社会共同关

注和承担的责任。以脱贫攻坚统揽经济社会发展全局，加强社会扶贫体制的建设，推进社会扶贫工作的创新，发挥社会扶贫对经济社会发展的助推作用，充分发挥其潜力，是新形势下扶贫开发的重要方向和强大动力。自 2013 年开始，党中央和国务院对社会扶贫进行了重要政策部署，通过推进民营企业"万企帮万村"精准扶贫行动、搭建中国社会扶贫网、深入推广消费扶贫、创新扶贫公益慈善品牌、开展扶贫志愿活动等形式充分调动全社会扶贫积极性，形成扶贫的多元化主体，建立了社会扶贫的常态化机制，形成了关心关注贫困的社会氛围。

第三节　整体性贫困治理体系的理论和学术意义

整体性贫困治理体系在践行和实践过程中形成了诸多有益的做法，取得了显著的成效，具有重要的理论和学术意义。

一、整体性贫困治理体系是中国脱贫攻坚治理的基本经验，是中国脱贫攻坚治理经验的基本面，同时也是实现"真脱贫"的基本理论解释

整体性贫困治理将贫困的解决内嵌至经济社会发展全局。坚持政治嵌入，建强农村基层党组织，配足配强基层党员干部，充分发挥基层党组织的战斗堡垒作用和基层党员干部的先锋模范带头作用，为打赢脱贫攻坚战筑牢政治保障。坚持经济嵌入，注重脱贫的实效和长效，充分发挥国家财政的主导作用，加大财政投入力度，以解决贫困地区基础设施落后等问题。大力招商引资，活跃农村市场，为打赢脱贫攻坚战营造良好的市场环境。积极推进农业供给侧结构性改革，尤其是加快农村土地"三权分置"改革，积极培育新型市场主体，大力支持农村发展新型产业，提升贫困户自我发展能力，激发贫困户脱贫内生发展动力，为打赢脱贫攻坚战奠定经济基础。坚持文化嵌入，深入挖掘本土文化资源，充分发挥深度贫困地区的本土文化资源优势，加强对社会主义核心价值观教育，为打赢脱贫攻坚战营造良好的文化氛围。坚持认知嵌入，加大对脱贫攻坚政策的宣传力度，激发人民群众参与脱贫攻坚的热情，提升人民群众参与脱贫攻坚的能力。这是中国脱贫攻坚的基本经验，是中国脱贫攻坚经验的基

本面，同时也是实现"真脱贫"的基本经验。

二、中国脱贫攻坚称为脱贫攻坚战，但这个"战"不仅是"战役"的"战"，而是"战略"的"战"，是与小康社会建设、供给侧结构性改革、国家治理现代化相联系的一个"抓手"

脱贫攻坚有助于促进乡村治理体系的完善和创新，提高经济社会发展治理能力。脱贫攻坚致力于解决贫困问题，在此过程中促进了国家治理体系的改革和创新，特别是进一步完善了乡村治理体系。脱贫攻坚针对治理体系的创新表现在以下几个方面：一是国家治理重心的下移，将为人民服务的宗旨落于实处。精准扶贫体现了"精细化"治理的工作理念，通过选派"第一书记""驻村工作队"等干部驻村方式，更加贴近群众，使帮扶措施更加精准。二是乡村协作治理框架的形成包括政府体系内跨部门领导小组及多部门参与的反贫困措施，逐渐形成了多层级、跨部门的多维贫困治理网络；同时，贫困县涉农资金县级整合，对涉农资金进行有效的管理和规范。三是多元主体参与。传统的单一主体的反贫困治理模式出现了越来越多的不适应性，政府职能的转变推动了治理方式的变革，特别是不同利益主体的参与。包括事业单位、社区组织、合作社、第三方机构、企业主体的参与。多元主体协同推进的反贫困治理模式不仅有效地满足了困难群众的需求，而且有助于实现减贫效应最大化。在脱贫攻坚的过程中，对治理体系的探索有利于形成一个有效的乡村治理体系，提高经济社会发展治理能力，成为与小康社会建设、供给侧结构性改革、国家治理现代化相联系的一个重要"抓手"。

三、整体性贫困治理体系注重社会意识形态和社会共识的建立，注重经济环境的优化，注重主流化和机制化

整体性贫困治理既要解决贫困人口"两不愁三保障"的问题，围绕系统化机制创新和制度建设打造交叉立体、多维覆盖的反贫困政策制度体系，确保现行标准下农村贫困人口稳定脱贫、贫困县全部摘帽并解决区域性整体贫困，更要着眼于全面建成小康社会，构建更加科学合理的体制机制来保障深度贫困地区扶贫工作持续、高效推进，推动贫困人口走上稳定脱贫增收道路，为实现全面建成小康社会奠定坚实基础。绝对贫困是当前农村贫困的焦点问题。通过脱贫攻坚实现现行标准下农村贫困人口稳定脱贫、贫困县全部摘帽并解决区域性整体贫困，并在此基础上实现全面建成小康社会。换言之，从贫困到脱贫，再由脱贫到全面小康，是紧密衔接的递进阶段。脱贫摘帽不仅是脱贫攻坚的终点，更是致富奔小康的起点，二者内在的契合关联决定了必须以脱贫攻坚统揽经济社会发展全局。坚持整体性贫困治理，将产业扶贫作为脱贫攻坚的治本之策是实现全面建成小康社会的关键举措，为贫困村、贫困户量身定制产业扶贫方案、项目清单和帮扶措施，并通过协调政策使产业项目落实落地，推动深度贫困地区农业全面升级、农村全面进步、农民全面发展，为贫困地区发展注入活力，实现脱贫攻坚与全面建成小康社会齐头并进、相互促进。

四、整体性贫困治理体系也蕴含一种"包容式""嵌入式"的扶贫攻坚模式，而不是孤立的、"头痛医头、脚痛医脚"式的扶贫

扶贫不能孤立地解决贫困，更不能只解决表面问题，而应从致贫原因着手。如若仅针对收入低下和实际生活的具体困难给予帮助，而不能从根本上消除导致贫困的原因，即重脱贫、轻解困，则将会出现短期内扶贫对象摆脱贫困，但长期仍无独立脱贫能力且容易导致福利依赖问题。从根本上解决贫困问题，需要实现包容性发展以提升贫困户自身发展能力，从而实现贫困户既脱贫又解困。实现包容性发展，要从国家层面、区域层面和个人层面分层次解决贫困。在国家层面，改革和完善诸如户籍、医疗和教育等排他性、冲突性与歧视性的相关制度，赋权于民，提高经济包容、社会包容、政治包容、文化包容和环境包容的程度。在地区层面，扩大资源开发力度、提高资源使用效率、增强对外来资源的吸力和加快经济结构调整，以及实现结构优化将是贫困治理的主要战略选择。在个人层面，注重个人自生能力的增强和统筹城乡发展的效果，个体能力决定了城乡居民等经济主体自发性和自适性改善贫困的动力。打赢脱贫攻坚战需要多措并举，多维合力，以脱贫攻坚统揽经济社会发展全局。

五、整体性贫困治理体系是对长久的贫困治理基础经验的积累，有助于中国扶贫经验的诠释，有利于中国扶贫政策话语体系和治理范式的理论归纳

2020 年，脱贫攻坚实现全面胜利，现行标准下农村贫困人口实现脱贫，

贫困县全部摘帽。这并不意味着扶贫工作的结束，从多维贫困的视角破解相对贫困将成为 2020 年后农村工作的重点，并与乡村振兴相互交融。这一阶段必须要以乡村振兴为契机，在促进农村崛起的同时，重点解决相对贫困问题。一是制定 2020 年后过渡期政策，确保脱贫人口不返贫。由于各个地区的经济发展、贫困程度等方面存在差异，各地扶贫进度不同、脱贫质量不一。因此，在脱贫摘帽后，应允许贫困区县相关扶贫政策在完善提升的前提下，在一段时期内保持稳定，确保贫困群众脱贫不返贫，防止发生新贫困。二是做好 2020 年后扶贫对象与乡村振兴对象的衔接，继续坚持精准定位。随着绝对贫困人口的消失，未来减贫的对象将转向相对贫困人口，而乡村振兴面对的是整个农村地区。因此，必须科学识别相对贫困人口和乡村振兴的微观对象，明确范围、划分重点，进而制定精准策略。整体性贫困治理体系是对长久的贫困治理基础经验的积累，有助于中国扶贫经验的诠释，有利于中国扶贫政策话语体系和治理范式的理论归纳。

第四节　对未来乡村振兴工作的启示

整体性贫困治理体系具有重要的现实和历史意义，亦为全球减贫治理提供了中国方案，对未来的乡村振兴战略、乡村治理实践等工作的开展具有重要的启示和借鉴意义。

一、注重全社会思想和共识的建立和统揽、社会资源的调动和统揽

全社会思想和共识的建立和统揽、社会资源的调动和统揽是国家治理体系现代化的要求。在脱贫攻坚过程中，脱贫攻坚不仅是贫困地区的事，亦是全党、全国、全社会的事。通过统揽经济社会发展全局方式，切实完成脱贫攻坚的各项任务。以统揽之势，聚全国之力，以统揽之举，求决胜之效，以脱贫攻坚为"主旋律"，以统揽理念为引领，坚持专项扶贫、行业扶贫、社会扶贫等多方力量有机结合的"三位一体"大扶贫格局，充分发挥社会主义集中力量办大事的制度优势，调动各方面积极性助力贫困地区高质量完成脱贫攻坚任

务。因此，坚持以统揽经济社会发展全局的方式，充分发挥政治优势和制度优势，抓住和用好机遇，借助各方面力量资源，采取超常规举措激发后发优势，将脱贫攻坚作为一项中心工作，从组织保障、资源和人力投入、方式方法创新等各方面予以全力保障和推进。在当前特定的历史阶段，深度贫困及其对经济社会发展可能形成的掣肘成为贫困地区发展面临的主要矛盾。通过统揽经济社会发展全局，着力解决主要矛盾，以高质量完成脱贫攻坚任务，夯实经济社会发展基础，增强发展能力，提升发展水平。这种思路对于今后乡村振兴、乡村治理等工作具有重要的启示和借鉴意义。

二、注重不同社会发展阶段的统筹和衔接

在不同时间段，精准扶贫面临不同的问题，政策关注点有所不同。五个一号文件整体上呈现出围绕主线政策方向、一脉相承之势，从最初的扶贫开发到现阶段脱贫攻坚后的乡村振兴战略，有效加强二者之间的政策衔接。具体来说，从指导思想来看，延续中央、省、市文件精神，结合县情实际，做到思想上领会贯彻精神，行动上落实践行指导思想；从主题词提取来看，扶贫、脱贫、振兴是关键，近五年的主题略有差异，但都围绕扶贫脱贫展开，主题保持高度契合，保障政策的连续性、稳定性、可持续性；从重点任务来看，2014年重在创新机制，2015年强化精准扶贫，2016年明晰"双十"扶贫，2017年健全机制强化脱贫等18个方面，2018年脱贫攻坚推进乡村振兴，任务更加细化，确保政策落地生根，注重年度衔接。在具体政策安排上，既有长期坚持的政策，又有到精准扶贫阶段的集中突破。需要做好脱贫攻坚与乡村振兴的有效衔接。在脱贫攻坚的政策制定、产业发展等重大安排方面，应当做好长远的、均衡的政策考量，不能就扶贫而扶贫，要在做好脱贫攻坚任务的同时，为乡村振兴打好坚实的基础，做到可持续性发展。

三、注重经济发展、社会保护和基础设施的统筹

从扶贫手段来看，采取适用于解决区域性贫困的开发式扶贫，以及对不能通过开发式扶贫摆脱贫困的人口采取必要的保护式扶贫方式，形成开发式扶贫和保护式扶贫相结合的地方实践。具体来说，首先通过道路、电力等基础设施建设，从整体上改善区域的生产和生活条件，为贫困地区对接市场创造有利的

发展环境。其次，将脱贫攻坚有效嵌入经济发展中，通过产业扶贫、就业扶贫、旅游扶贫、电商扶贫、金融扶贫等多种方式，结合本地的地理、气候、自然资源和人力资源等特点，因地制宜发展面向市场、多元化且符合贫困户生计特点的产业及增收渠道。再次，在政府政策扶持下，通过客观发展条件改善自然资源和产业开发，贫困村和贫困户逐步形成自我积累和发展能力，能够克服资金、技术等局限，从而使有劳动能力的贫困户通过自身力量摆脱贫困。最后，对于不能通过开发式扶贫方式解决贫困问题的人口，则采取必要的保护式扶贫手段，确保其温饱、住房、医疗等基本需求，比如针对因病、因残丧失劳动能力的贫困人口所采取的社会保障兜底扶贫等方式，确保其基本生活质量。

四、注重不同人群、不同地区的统筹和兼顾

乡村振兴、乡村治理与脱贫攻坚一样，都是系统性的工程。从区域发展的目标来看，既要实现贫困村、贫困户的脱贫，也要实现非贫困村和非贫困户的发展。通过打破城乡二元分割体制，促进城乡要素的平等交换，提升经济发展活力，多渠道拓展就业。通过推动产业发展，拓展收入来源，有效缓解收入不足问题。完善当地基础设施，通过配套高等级电网、硬化道路、灌溉设施、仓储设施等营造良好投资环境，改善地区社会经济发展环境，补全基本公共服务短板。加大基本公共服务投入力度，向贫困地区、薄弱环节、重点人群倾斜，增强贫困地区人口的解"困"能力和基础发展能力，推动城乡区域人群均等、协调发展，实现地区公共服务均等化。通过城镇化建设，使基本公共服务不断拓展延伸，降低贫困地区的脆弱性。加快义务教育均衡发展，健全覆盖城乡居民的基本医疗卫生制度，提升基层医疗卫生服务能力，扩大基本公共服务有效供给，提高服务质量和水平，为贫困群体塑造良好的发展平台，从而增强贫困地区人口的发展能力，降低贫困地区的脆弱性。通过实施贫困村与非贫困村、贫困户与非贫困户相互兼容和有效发展的模式，实现区域内整体发展，既有效巩固了脱贫的成果，又有益于实现地区的包容性发展。以良好的发展环境，为贫困群体提供能够实现能力兑换和满足需求的条件，从而形成一个有利于贫困群体上升发展的良性循环，建立长效机制。

第五章　农户资产与能力建设：从微观层面促进农户变化的中国反贫困理论

第一节　脱贫过程中农户生计体系建设和完善的逻辑

中国共产党作为马克思主义政党，是马克思主义和中国工农运动相结合的产物，因此其必然关注工农阶级的利益。中国经济在过去的几十年里飞速发展，解决绝对贫困问题是全面建成小康社会的先决条件之一，也是中国共产党对"让一部分人先富起来，先富带动后富"这一发展目标的深刻践行，因此，解决绝对贫困问题是中国共产党和中国政府必须完成的历史使命之一。

由于贫困群体大多数是农民，因此中国政府在脱贫攻坚时期所采取的各类措施的核心思路都是帮助贫困地区和农户发展经济，这和发展经济的思路一样。在具体的扶贫工作开展方面，中国政府解决贫困问题的显著特点就是对于不同种类的贫困采取针对性较强的办法，比如"五个一批"工程的实施，其本质就是根据贫困地区和贫困人口的具体情况，解决好"怎么扶"的问题。

在脱贫攻坚之前，中国的农户虽有一定的生计资源，但是总体的生计水平较低，所拥有的各方面资本较少，大多数农户以农业为生计支柱，因此农户整体的生产能力不足是导致其贫困的重要原因。而随着中国脱贫攻坚战的深入开展，农户各方面生计资本组合不足、匹配不足、转化不足以及转化效率低下等问题逐渐显现，中国政府在发现和明确这些问题的基础上，根据这些问题制定了诸多针对性较强的举措，这些举措兼顾了个体性的资源和群体性的资源，也涵盖了不同农户不同方面的能力与资产建设，使农户发生了根本性的改变，确保了如期完成脱贫攻坚目标任务。

中国政府在脱贫攻坚中建设和完善农户生计体系的逻辑主要有以下几点。

一、通过土地制度建设，农民普遍具有一定的生计资源，排除了赤贫现象

中国农民在中国共产党的领导下开展土地革命，由此获得了作为生产要素的土地资源。"耕者有其田"目标的实现切实改变了中国农民长期以来受奴役、受压迫的局面，为中国农民经济独立奠定了坚实基础。中国通过社会主义革命建立起反贫困的逻辑起点，将农民的生产潜力与生产积极性充分调动起来，同时也避免中国出现"无家可归、无地可耕"的景象，即以此为基础，中国农民普遍具有一定的生计资源，避免沦为赤贫群体。

二、贫困农户的生计资源未得到良好开发和运用

中国农户虽有一定的生计基础，但是总体而言层次较低；同时，在脱贫攻坚战开展之前，也未能得到良好的开发与运用，因此中国政府采用开发式扶贫的方式。开发式扶贫，即在国家必要支持下，利用贫困地区的自然资源进行开发性生产建设，逐步形成贫困地区和贫困户的自我积累和发展能力，主要依靠自身力量解决温饱、脱贫致富。扶贫工作从按贫困人口平均分配资金向按项目效益分配资金方面转变，从单纯依靠行政系统向主要依靠经济组织转变，从资金单向输入向资金、技术、物资、培训相结合输入和配套服务转变。

三、农业依旧是农户的主要生计来源

由于中国在 20 世纪 90 年代解决了温饱问题，不少农民从土地上解放出来，同时得益于中国改革开放以来城市的高速发展，农户不再局限于辛勤耕作，而有了更多的从业选择，有的从事商业，有的流动到城市成为工人，逐渐形成了规模不小的农民工群体。但是相较于数量庞大的农村居民而言，在前扶贫攻坚时期，进城务工的农民工数量在全体农村居民中的占比依旧较低，农业仍是农户的主要生计来源。

四、生计资本层次低、转化不充分、组合效益差

在脱贫攻坚时期，中国贫困地区的贫困状况普遍体现为自然资本贫瘠、物质资本不足、金融资本短缺、人力资本匮乏和社会资本薄弱。不仅如此，这些

生计资本往往不能够得到有效利用和转化。换言之，该时期的中国大多数农户不具备将自身生计资本充分转化成市场价值的能力。此外，中国农村地区普遍存在产业链条短、产业结构不合理等问题，产业人才、生产要素、产业管理等方面存在明显短板。同时，中国农村还面临自然资源在时空分布与区位分布上的不足与资源错配，比如西北地区普遍缺乏水源；在西南地区，喀斯特地貌导致土地资源稀缺；东北地区虽然水土资源较为丰富，但积温不足，无霜期短。简言之，生计资本与资产组合效益薄弱。

第二节　中国反贫困中的农户资产与能力建设（ACBL）

中国幅员辽阔，不同区域的资产特征各异，因此需要因地制宜地实施相应的资产建设项目，通过补齐短板、增强特色来强化农户资产与能力建设。总体而言，中国政府在反贫困实践中既关注个体，也关注集体；既关注客观能力，也关注内生动力；既关注短期，也关注长期。这些举措分门别类，不胜枚举，但从总体来看，这些举措的核心最终都归结为农户资产和能力的建设。正因为围绕农户资产和能力两方面的建设，才使得中国的脱贫攻坚战能够取得如此举世瞩目的成就，不仅在宏观层次上实现了脱贫攻坚目标任务，在微观层次上使得农户自身方方面面都有了根本性的改善，为巩固脱贫成果以及防止返贫现象的发生奠定了坚实的基础。

一、强化农业发展基础，夯实温饱保障水平

农业资产是前扶贫攻坚时期农户所拥有的最重要的生计资本，为了使农户能够在农业资产之外更好地开发和利用其他方面的资本，形成完善的生计体系，中国政府在脱贫攻坚时期进行了许多探索和尝试，实施过的举措数不胜数。1994～2010 年被称为攻坚式反贫困阶段，产业扶贫、基础设施扶贫、异地安置扶贫、劳动力培训扶贫以及民生扶贫等诸多举措在这一阶段开始被中国政府作为扶贫的核心举措。这些举措的实施意味着中国的扶贫思路已经从瞄准区域开始向瞄准农户转变，为后来的精准扶贫奠定了良好的基础。

2018 年，农业农村部提出，为打好产业扶贫 3 年攻坚战，将重点抓好贫

困地区农产品产销对接、新型经营主体带贫能力提升等工作。"三区三州"等深度贫困地区是产业扶贫的坚中之坚。农业农村部于当年年初印发了工作方案，选择 19 个贫困县，每个县选择 3 个左右联系村、选择 1～2 个特色主导产业集中支持，示范带动其他深度贫困县推进农业扶贫。例如，陕西省西安市鄠邑区根据自身的产业布局情况，确立了三条脱贫产业带：在沿山一带以"户县葡萄、旅游观光"为产业发展重点；在中部平原以"设施瓜菜、特色种养"为产业发展重点；在北部渭河沿岸以"农耕休闲、苗木花卉"为产业发展重点。围绕产业，对全区贫困户用各级财政资金按每户 10000 元的标准进行产业发展补助，使产业扶贫和"三变"改革一起抓，积极探索利益联结机制。同时，充分调动龙头企业、现代农业园区、专业合作社等带贫主体支持农户增收致富的积极性，探索出农业项目扶贫带动新模式，助力贫困群众通过产业发展逐步实现脱贫。

而中国政府除了在政策上助力农业改善和发展以外，还积极调动企业和民间力量，帮助贫困地区农户改善生计情况。例如，武汉市武昌区聚焦生态农业，探索出一条产业扶贫的新路径——"公司＋贫困户＋物流＋互联网"模式。由当地企业投入大量资金，开荒改造 150 亩蔬菜基地，修建水渠、开挖池塘，尝试种养结合，发展生态农业；蔬菜基地投产后，既增加了村民的经济收入，同时也为贫困户提供了工作岗位。又如，哈尔滨市联合省内企业到当地贫困村帮助农民打通农产品流通渠道，引导农民依托生态优势，种养绿色有机食品，精准把握市场需求，推动农业结构优化升级，逐渐实现产业脱贫。

总体而言，在农业的改善和发展方面推行诸多举措，打牢了贫困地区农户脱贫的基础，大大地提升了贫困地区农户的生计基础，使得农户的积极性大大提升。与此同时，在基本生活水平得到切实保障后，农户能够更加主动地参与到政府所推行的反贫困实践中，这成为中国脱贫攻坚能够取得巨大成功的重要基础之一。

二、加强农户资源转化，实现绿水青山就是金山银山

自然资源是描述自然资源存量的术语，泛指生计的资源流及相关的服务。这种自然资本又可分为无形的公共资本（大气、生物多样性）和有形可分的、可直接用于生产的资本（土地和树木等），以及生态服务。从脱贫攻坚时期的

情况来看，中国农户手里所拥有的自然资源主要是土地资源，但是平均拥有量较少，基本只能通过农业生产的方式转化成实际收入。

中国政府对于自然资源的保护是全方位的，并非只针对贫困地区，但是从自然资源得到良好保护中受益最大的往往是贫困地区，因为土地等自然资本是中国农户所拥有的最为重要的资本。早在 2005 年 8 月，时任浙江省委书记的习近平在浙江湖州安吉考察时便提出了"绿水青山就是金山银山"的科学论断。

对于部分自然资源未能得到良好保护，甚至遭到破坏的贫困地区，中国政府采取了生态补偿的思路。生态补偿是以保护和可持续利用生态系统服务为目的，以经济手段为主，调节相关者利益关系，促进补偿活动、调动生态保护积极性的各种规则、激励和协调的制度安排。生态补偿有狭义和广义之分。狭义的生态补偿是对由人类的社会经济活动给生态系统和自然资源造成的破坏及对环境造成的污染的补偿、恢复和综合治理等一系列活动的总称；广义的生态补偿则还应包括对因环境保护丧失发展机会的区域内的居民进行的资金、技术和实物上的补偿、政策上的优惠，以及为增强环境保护意识，提高环境保护水平而进行的科研、教育费用的支出。农户作为生态系统服务的主要提供者及生态补偿项目的主要参与者，在市场、制度、政策以及自然等因素造成的风险性环境中，其所拥有的生计资本及采取的生计策略影响着自然资源利用方式及环境行为，从而影响生态系统服务供给与生态补偿项目效率。而生态补偿作为一种解决环境问题的政策工具集，对农户生计的影响不仅关系到项目可持续性，更关系到社会公平性（赵雪雁、张丽和江进德，2013）。

在促进自然资本的开发和利用方面，中国政府的主要做法是通过实施促进农业发展的一系列措施和产业扶贫的思路，提高农户自然资本的开发程度和利用效率，增加自然资本的转化率，从而提升农户总体的生产效率。

在应对自然风险方面，杨龙等人认为深度贫困地区与生态环境脆弱、自然条件恶劣地区高度重合。受深度贫困地区特征的影响，相比于一般地区，深度贫困地区农户面临更多或更为特殊的风险（杨龙、李萌和卢海阳，2019）。自然灾害对于贫困地区农户的影响十分巨大。首先，自然风险导致农业减产，影响农户收入。深度贫困地区的农户面临更多的自然风险，主要有旱灾、洪涝灾害、风灾、地震、山体滑坡和泥石流等。非农收入虽然已成为大部分深度贫困地区农户的重要收入来源，但农业收入仍是其家庭收入的重要组成部分。对于部分深度贫困地区的农户而言，农业收入甚至是其唯一的收入来源（赵雪雁、张丽和江进德，2013）。因此，在脱贫攻坚时期，中国政府也十分重视贫困地区的自然风险防治。

综上所述，中国政府改善自然资本的思路主要有三个方面：一是保护；二是促进其开发和利用；三是自然灾害防治以及风险的降低。对于这三个方面，中国政府也推出了针对性较强的各类举措。

首先，在自然资本的保护方面，因为中国政府对于"绿水青山就是金山银山"论断的努力践行，在脱贫攻坚时期，大部分贫困地区的自然资源都得到了良好的保护，甚至和经济发展形成了良性的互动。例如，丽水市围绕"搬得下、稳得住、富得起"目标，将传统扶贫类搬迁、地质灾害及隐患点避让类搬迁、百山祖国家公园生态搬迁三大搬迁类型纳入当地"大搬快聚富民安居"工程，有力冲破当地交通不便、要素匮乏和土地分散等经济发展的桎梏，打通了从"绿水青山"向"金山银山"的转化渠道，实现经济发展与生态保护协同并进。

其次，在促进自然资源的开发和利用方面，例如河北省阜平县立足当地资源禀赋，着眼于打造"绿色安全的农副产品生产加工供应基地"，探索出以龙头企业引领和乡村旅游为带动的产业扶贫发展之路，出台产业补贴政策与金融保险扶持政策，吸纳贫困群众参与产业发展。此外，依托易地扶贫搬迁政策，提升群众居住环境，整合利用迁出地资源，探索资源利用新机制，将短板转化成优势资源，发展绿色产业。

最后，在自然风险的防治方面，中国政府不仅致力于自然灾害的防治，还提出"自然风险保险补"的原则。例如，四川省德阳市罗江区针对因灾、因病等不确定自然风险，建立了覆盖全区所有农户的"防贫保"保险制度，对因病、因学、因灾等导致农户收入低于 5000 元且有返（致）贫风险的，纳入保险赔付范围，以"以工代赈＋积分制"的方式进行理赔，进一步保障了农户的自然资本。

三、强化农民志智双扶，提升农户发展能力

按照西奥多·舒尔茨在其著作《论人力资本投资》中的观点，人力资本

是凝集在人自身通过健康、教育、培训和迁移等不同人力资本投资所形成的多种能力类型的总称。人力资产的数量和质量往往能够决定农户对于其他资产的运用效率，因此，人力资产的缺乏是造成农户贫困的主要原因之一。程名望等人（2016）研究发现，健康、基础教育、技能培训和工作经验所体现出的人力资本对农户收入增长有显著作用，总贡献率为38.57%。白菊红、袁飞（2003）指出，现阶段在中国农村人力资本的积累过程中，教育和培训是构成农村人力资本的核心内容，两者对农民收入水平的提高具有决定作用。其中，培训能够在较短的时间内提高农户的技能，促进其生产效率的提高；而教育扶贫在激发脱贫内生动力、提升综合能力以及阻断贫困代际传递等方面发挥着基础性和先导性的作用。高梦滔和姚洋（2006）利用省际面板数据和非参数回归方法进行实证研究，发现教育和在职培训体现的人力资本是拉大农户收入不平等的主要原因。

因此，教育和培训是改善农户人力资本最受关注的两个方面，其目的在于使农户脱离能力贫困的泥沼。普遍的观点认为，能力贫困是贫困产生的根源，能力贫困不仅会直接导致收入减少，还会削弱贫困群体内生脱贫动力，而脱贫动力的缺乏将进一步制约稳定脱贫的长效性。阿玛蒂亚·森指出，我们应从一个人所拥有的、享受自己有理由珍视的生活的实质自由角度来判断他人的处境，由此，贫困不仅仅是收入低下，更是基本可行能力的剥夺。农户所面对的贫困、能力不平等和社会排斥现象应得到更多的关注，并且逐步得到改善。随着中国政府对于农户人力资本情况理解的日益加深，许多针对性较强的举措在脱贫攻坚时期得到广泛应用。

正如人力资本理论一直主张的，人力资本投资是最具价值的投资，也是通向富裕与公平的重要路径。因此，中国政府在脱贫攻坚时期十分重视农户人力资本的改善和发展。

由于农村教育，特别是农村职业教育是提高人力资本的重要手段，在培养新型农业人才等方面起着十分关键的作用（周亚虹、许玲丽和夏正青，2010）。通过发展教育，中国的农户不仅在现阶段能够快速增长，而且从长期来看，也有助于阻断贫困的代际传递。除此之外，对于欠缺技能的青壮年劳动力，中国政府还通过开展贫困户实用技术培训等方式，帮助其走上就业岗位。例如，上海市发挥优质资源优势，创新建立"一市四地"职业教育联盟对口帮扶机制，形成"多方协同、资源集约、精准扶贫和就业脱贫"工作系统。

自职业教育联盟实施以来，形成了服务定向聚焦融合协同人才培养链，建立起当地可持续发展的高品质职业教育体系，对阻断贫困代际传递、高质量打赢脱贫攻坚战发挥了重要作用。

除了改善客观上的人力资本，中国政府同样也注重农户人力资本主观方面的改善，主要表现为实施一系列激发农户内生动力的举措，并提出了"志智双扶"的扶贫理念。"志智双扶"既是脱贫攻坚的目标要求，又是实现脱贫的重要手段。"扶志"是解决志向、斗志和信心问题，"扶智"是解决思想观念和能力不足问题。

中国政府通过"志智双扶"强化建档立卡人群能力建设，激活内生发展动力，增强自力更生本领，使之具备良好的生存发展能力，从而实现可持续脱贫是巩固脱贫成果的核心所在。例如，黑龙江省桦川县坚持脱贫攻坚与扶智扶志相结合，以激活群众内生动力为目的，探索形成"扶志气、扶文化、扶智力、扶能力、扶风气、扶制度"的"六扶"举措，改变思想陋习，补齐技能短板，使巩固脱贫具有可持续的内生动力。当地重点强县村思想扶贫，依托教育基地弘扬桦川精神；依托爱心超市，以表现换积分，进一步激发建档立卡户内生动力；以"雨露计划"和"科技之冬"等载体创新育智方式，开展技能培训、劳务协作、开发岗位和车间吸纳等措施，帮助建档立卡劳动力实现转移就业和稳定增收。开展"晒家风"活动，树立文明新风，建立村级"红白理事会"和道德红黑榜，破除陈规陋习，以健康风尚培育可持续的内生动力。同时，当地创新党建引领路径，强化乡村干部、农村党员、驻村帮扶干部三支队伍建设，为高质量打赢脱贫攻坚战提供了坚强有力的组织保证。

四、加强农户资产建设，塑造发展良性内循环

朱明东等（2021）根据国内外的相关研究指出，金融资本可以分为宏观和微观两个方面：在宏观上，金融资本是垄断企业通过垄断金融机构投融资所获得的资本，以货币形式存在；在微观上，金融资本一般是生计问题，是人们日常生活中所具有的金融资产，主要指流动资金、储备资金及容易变现的等价物等。对于农户生计问题来说，基本不涉及该概念的宏观方面，因此本研究探讨的金融资本均指微观方面的金融资本。

农户在金融资本方面面临的问题较多。首先，农户的流动资金和储备资金

基本来源于农业，而在脱贫攻坚期间，中国多数农户依旧是维持着小农经济的经营模式。黄宗智（2000）认为，在人多地少的压力下，传统的小农经济经营模式主要通过增加劳动力投入的方式实现没有发展的增长，长期面临着农业过密化的发展困境。由于小农经济的转型是一个长期的过程，为了使农户增收，中国在脱贫攻坚时期更多地采用了完善农业基础设施建设等举措。为了促进农业的更好发展，也出台了一系列政策（如取消农业税、实施农产品最低收购保护价格，以及政府补贴家电下乡等），以减轻农民负担，增加农民收入。

除此之外，农户收入的大幅提升离不开产业扶贫所发挥的巨大作用。所谓产业化扶贫，就是以市场为导向，以龙头企业为依托，利用贫困地区所特有的资源优势，逐步形成"贸工农一体化、产加销一条龙"的产业化经营体系，持续稳定地带动贫困农民脱贫致富的一种扶贫方式。产业扶贫对于农户流动资金和储备资金的增长具有重要作用，该举措为农户增加了获取收入的途径，但是也面临着产业扶贫项目的短期化和同质化等诸多问题。

而中国农户所拥有的容易变现的等价物总体较少，基本只有手里的土地资源，部分地区的农户有一定的牲畜，但人均拥有量较低。金融资本对于农户生计情况的改善具有非常直观的作用，因此，中国政府的许多举措都围绕金融资本的改善展开。

农户微观层面的金融资本主要包括流动资金、储备资金，以及容易变现的等价物等金融资产。由于农户普遍拥有的容易变现的等价物以及资产较少，改善和发展农户金融资本的思路主要是提高农户的流动资金和储备资金，其本质就是提高农户的收入。对于部分贫困问题较为严重的地区，中国政府也会通过增加各种转移性收入来提高农户的总体收入水平，但是产业扶贫对此起到的作用大且更有持续性。不仅如此，转移性收入只能增加个体资产，而产业扶贫对于个体资产和集体资产都有很大的促进作用。

从某种程度上来说，产业扶贫是中国政府所采用的最为主要的提升农户收入的扶贫模式之一，一直是中国扶贫开发的主要模式之一。特别是，在中国扶贫开发已由大范围的扶贫转向集中连片特困地区扶贫攻坚的阶段，产业扶贫由于其本身固有的灵活性、多样性、适应性和快速性，被各类贫困地区广泛采纳（胡振光、向德平，2014）。产业扶贫是贫困地区帮助农户本地就业、实现增收的主要途径，是贫困地区改善区域发展不平衡、实现可持续发展的重要手段

（陈文胜，2019；王超、刘俊霞，2018）。由于中国大多数贫困地区的水利、道路等农业基础设施差，成为影响农产品生产、农业效益和农民收入的主要原因之一。在产业扶贫开展的过程中，为了加快贫困地区的农业发展，中国首先在农业基础设施建设方面发力，重视改善农业基础设施条件，提升农业机械化水平，加快推进农业现代化进程。除此之外，还注重加大农业机械研究，实施改善农业基础设施条件的专项工程。

中国的产业扶贫除了重视与农户最为相关的农业的发展，也强调工业以及贸易的发展，其思路是建立"贸工农一体化、产加销一条龙"的产业化经营体系，这也体现了推进产业融合与升级是巩固脱贫攻坚的重要途径和长久之策。在巩固脱贫攻坚成果的过程中，许多贫困地区因地制宜，培育富民产业，坚持以产业升级为重心，将产业升级与扶贫有机融合，不断提高产业的益贫性，有效巩固脱贫攻坚成果。

许多地区还采取了电商扶贫和扶贫车间等举措。例如，云南省曲靖市富源县创新方式方法，通过设立扶贫车间，助力建档立卡贫困劳动力就近就业，探索出了一条群众增收、企业增效、集体增益和造血增强"一举四得"的精准扶贫新路子。除此之外，中国政府还推行了"奖补"和扶贫贷款等措施，以有效地增加农户的金融资本。在这类措施中，最具特色的当属公益性岗位，比如湖北省十堰市郧阳区针对无法离乡、无业可扶、无力脱贫的"三无"贫困劳动力开发公益性岗位的做法，在抓好政策兜底的同时，开发管水、养路、护林、保洁、保安、网格员和绿化等公益性岗位，吸纳160人就业，确保群众就业全覆盖。

五、强化资本可获得性，提升资源配置效率

物质资本是指长期存在的生产物资形式，包括用以维持生计的基本生产资料和基础设施，对于农户而言，主要包括建筑物、农业生产用具和农业机械等，其意义在于提高贫困人口的生产力。孙敬水、于思源（2014）研究发现，人均生产性用地增加有助于扩大家庭农业生产面积，而生产性固定资产积累有助于提高农业生产效率，从而增加农户收入水平。但是有的研究结果则恰恰相反。例如，高梦滔、姚洋（2006）的研究结果显示，物质资本（包括土地）对于农户收入的差距没有显著影响；不仅如此，在不同的收入组别上，人力资本的回报都高于物质资本的回报。因此，中国政府在农户的物质资本改善方面

并没有投入太多的资源，采取的措施也较为有限。在个体性的物质资本方面，最主要的举措是异地扶贫搬迁。该举措是针对生活在"一方水土养不好一方人"地区贫困人口实施的一项专项扶贫工程，目的是通过"挪穷窝""换穷业"，实现"拔穷根"，从根本上解决搬迁群众的脱贫发展问题。而在集体物质资本方面，中国政府通过建设水电路等基础设施、提供仓储和厂房，以及推行扶贫车间等项目，使得贫困地区的集体性物质资本总量得到了一定的提升，而给部分贫困地区建设光伏产业是其中最具体特色的举措之一。光伏产业不仅使得贫困地区的集体性物质资本得到了巨大提升，而且作为产业，使当地的农户能够稳定地获得一定量的资产收益。

然而，有不少观点认为，直接给予农户物质资本并不利于提升其脱贫的内生动力，反而容易滋生"等靠要"思想。因此，中国政府在发展和改善农户生计方面所实施的专门针对农户物质资本的举措更多的是采取间接性的帮助措施，而非直接给予农户物质资本。

有学者认为，产业扶贫不是简单的资金扶贫、物质扶贫，直接给钱给物只能缓解暂时的困难，无法保证稳定和可持续的脱贫态势。因此，中国政府更多地使采取间接性的办法，解决农户物质资本不足的问题。其中较为重要的一项举措就是通过发展合作社和一部分集体经济项目，使农户能够共用农具和农业机械，从而大大降低了农户的平均生产成本。除此之外，调整土地流转的方式和速度也能够帮助农户改善物质资本情况，最终提高生产效率。例如，山西省大同市云州区鼓励乡村两级干部和驻村帮扶干部在土地流转、组织成立村社一体合作社、动员群众调整产业结构等方面深入开展工作，使这些干部成为乡村产业项目的组织者和推动者，尽可能地帮助农户解决物质资本匮乏的难题。

总体而言，由于物质资本的发展和改善是一个长期性的过程，除了生计基础最为薄弱的小部分贫困地区以外，中国政府的主要思路还是通过其他资本的改善以促进农户收入的增加，为农户物质资本的积累奠定良好的基础，使物质资本的积累能够和收入增长互相促进，形成良性循环，最终实现农户生计情况的根本性改善。

六、进行农户资产和能力建设的其他举措

除了上述举措之外，中国政府还采取了健康扶贫、社会保障兜底和促进农

户进城务工等举措。

在健康扶贫方面，例如内蒙古自治区所推行的健康扶贫"三个一批"行动计划，对患大病和慢病的建档立卡贫困人口采取大病集中救治一批、慢病签约服务管理一批、重病兜底保障一批的分类救治措施。大病集中救治医保政策规定，到定点医疗机构住院治疗的建档立卡贫困人口可享受基本医保、大病保险、健康商业补充保险、医疗救助、大病保障基金等综合保障措施，患者总医疗费用实际报销比例要达到90%。对"重病"实施兜底保障政策使建档立卡贫困人口在定点医疗机构住院治疗可以得到基本医保、大病保险、医疗救助、健康商业补充保险、大病保障基金等多种政策兜底保障。慢病治疗患者门诊治疗可以得到健康管理和费用报销。

在社会保障兜底方面，主要从社会救助、基本养老保障、农村"三留守"人员和残疾人等方面，提出了社会保障兜底措施，通过筑牢社会保障安全网，解决好特殊困难群体和弱势群体的脱贫问题。

而促进农户进城务工在脱贫攻坚战中起到了关键性的作用。农户向城市流动并成为工人，使收入得到了本质的提升。例如，山西吕梁山护工在北京举办了一场就业推介会，200多名护工被"抢购一空"。作为全国14个集中连片特困区之一，吕梁市全力推进"10万贫困人口护理培训"精准扶贫行动计划，帮扶贫困家庭的"三转婆姨"掌握家政护理服务技能。截至2018年，吕梁已有1.1万余人走出大山进入城市家政业，月均收入3000元以上，实现了"一人一技傍身，一户稳定脱贫"。

总体而言，中国政府所推行的各类扶贫举措本质都是以建设农户资产和能力为核心，能力的提升使得农户能够依靠自身努力远离贫困，而资产方面的改善则让农户的脱贫质量得到了稳固的保障，两者的结合是中国脱贫攻坚取得了举世瞩目成就的根本原因。

第三节　微观层面的中国反贫困理论要点总结

一、贯彻精准到户原则

面对扶贫对象情况不明、扶贫到户效果不佳以及扶贫资源分配不公等问题，2013 年中共中央办公厅、国务院办公厅印发《关于创新机制扎实推进农村扶贫开发工作的意见》，强调"要按照县为单位、规模控制、分级负责、精准识别、动态管理的原则，对每个贫困村、贫困户建档立卡，建设全国扶贫信息网络系统。"2014 年国务院扶贫办印发的《扶贫开发建档立卡工作方案》进一步明确了建档立卡的对象，并对建档立卡的方法、步骤、时间安排和工作要求等做出具体规定，从而实现扶贫对象精准。但在实际扶贫过程中，不仅要做到精准到户，更重要的是措施到户精准，根据农户实际生计情况开展针对性的帮扶，实现识别和帮扶均精准化。2015 年 6 月，习近平总书记在贵州考察时提出了扶贫开发工作"六个精准"的基本要求。"六个精准"就是扶持对象精准、项目安排精准、资金使用精准、措施到户精准、因村派人（第一书记）精准和脱贫成效精准。其中，措施精准到户从根本上保障了帮扶贫困农户的措施能够落实到位，是农户生计发展和改善的重要基础。

二、贯彻补短板的原则

贫困地区普遍存在农户生计基础较为薄弱的现象。在这种情况下，提高其可持续发展能力的核心在于补齐短板，即农户生计资产的增加和生计策略的优化。贫困户可以使用某种资产或多种资产组合来优化其生计策略，实现积极的、可持续的生计产出，从而提高贫困地区和农户可持续发展能力，以促进农户的生计建设。具体的做法是，针对不同农户的资源禀赋，根据其资本组合的不同，弥补其中的不足之处。这在本质上是为了增加农户的生产能力，加强农户的拥有感，使其生产效率得到根本性的提高。除此之外，做好各种风险防范和规避也是补短板的原则得到贯彻的体现，其能够保障农户生产能力的提高在结果和收益上得到稳定。

三、贯彻强特色的原则

中国脱贫攻坚并非是仅仅为了在短期内解决绝对贫困问题，而是对脱贫成果的巩固和拓展以及预防返贫方面提出了更高要求，因此，对于贫困地区以及农户而言，只有根本性地改变当地的发展水平以及农户的生计状况，才能够真正实现中国脱贫攻坚的目标任务和全面小康的庄严承诺。为此，中国政府在脱贫攻坚战开展过程中十分注重因地制宜地发展产业，以帮助贫困地区以及农户真正发挥地区优势，扬长避短，从而最大程度提升其竞争力。从具体做法来看，中国政府注重特色产业扶贫，诸如"一村一品"和"一县一业"等模式精准对接消费者需求，引导当地特色农产品产业发展，通过纵向延长产业链，优化产品价值链，改善产品结构，提升总体收入。

四、以提高农户产出效率、增加收入为根本目标

收入水平是反贫困实践中最受关注，也是最为重要的指标。2013年，习近平在山东考察时指出，抓扶贫开发要紧紧扭住增加农民收入这个中心任务。精准扶贫工作明确了"一个重点目标"，就是把增加农民收入、减少贫困人口作为扶贫开发的重点目标。在中国政府所采取的改善农户生计的各方面措施中，其核心都是围绕着增加农民收入展开的，或长期、或短期，但归根结底，其本质都是为了开源节流和提高效率，最终显著提高农户收入水平。在多渠道实现农民增收的过程中，进一步优化农户收入结构来源为优化生计系统和促进资产能力建设奠定了坚实基础。

五、注重农户各类资产转化，盘活村集体资产

传统的反贫困策略以需求为本，以问题为导向，倾向于从贫困地区的问题、需求与缺陷出发，并根据外部专家的诊断引入外部资源，通过整合"政府—市场—社会"多方力量，对贫困地区进行"大水漫灌式"扶贫。这种扶贫模式能在一定时期起到明显的减贫效果，但随着反贫困实践的不断深入，这种以需求为本的反贫困策略暴露出贫困地区资源和贫困主体能力被忽略、脱贫动力源单一、忽视贫困群体抗风险能力建设等问题。为此，学界开始转向以资产为本的反贫困发展理念，通过关注贫困地区和群体所拥有的资源和优势，发掘贫困地区内既有的长处及潜能，对贫困地区资产重新发现及利用，并将各种资本和资产转化成市场价值。中国政府所采取的这种发展方式聚焦内在，注重本地贫困群体的能力建设，让脱贫具有可持续的内生动力，实现"真脱贫，脱真贫"。依托生态农业等模式，积极盘活村集体资产，整合农村优势资源与闲置资产并进行整体调配组合，依托农家乐、牧家乐等物质载体和优秀传统文化载体，通过发展文化旅游事业实现农户生计资产转换，不仅实现绿水青山就是金山银山，也实现文化资源向经济资源的强势转化。

六、注重保障农户生计持续性发展和改善的长效机制

对于农户生计持续性发展和改善，中国政府不仅从风险防范和规避系统性风险方面入手，推行了诸多举措，还围绕农户资产类型以及基础进行了更为深入的探索。其中，建立农户个人人力资本、家庭经营以及社区治理三者之间的利益链接机制是中国政府保障农户生计能够稳定长期发展的重要举措。三者之间形成的利益链接机制能够使资源的组合更优，进一步提高生产效率，从而使农户受益。不仅如此，这种机制相较于农户单独从事生产的模式，具有更加强大的抗风险能力，能够从根本上保障农户生计得到持续性的改善和发展，对于农户而言是具有重要作用的长效机制。

第六章　中国反贫困理论与国际反贫困理论比较

第一节　国际反贫困理论综述

贫困是一种伴随人类社会发生、发展的复杂社会经济现象，而消除贫困和实现发展是人类社会的共同使命，贯穿人类发展的全过程。虽然贫困问题由来已久，但其作为一项社会问题进入国家与公众视野主要始于 18 世纪工业革命时期。自此，贫困概念呈现出多种类型，如主观贫困和客观贫困、绝对贫困与相对贫困、长期贫困与暂时性贫困、收入贫困和支出型贫困、区域性贫困和个体性贫困，并进一步细分为能力贫困、权利贫困、制度性贫困、阶层性贫困、代际贫困、社会贫困等类型。与此同时，贫困理论也由最初的绝对收入贫困理论到相对收入理论，发展到以森为代表的能力贫困理论等。理论界对于贫困的概念、类型、成因、测量等的认知随着贫困研究的演进而不断深化，反贫困理论和干预政策也日益丰富和多样化。

国际社会特别是西方发达国家开启工业革命后，贫困问题日渐凸显并成为社会各界关注的焦点。伴随着工业革命在全球范围的拓展和世界市场体系的建立，以经济学为代表的贫困理论研究从国家内部贫困问题转向区域发展不平衡问题，贫困研究突破传统的国家视野，扩展至全球视野。在经济学、管理学以宏观视角阐释贫困问题与反贫困理论的同时，社会学则聚焦于贫困的社会结构研究，通过贫困代际传递、贫困情境、社会排斥与脆弱性等视角解构贫困成因，并提出参与式扶贫、人力资本减贫等反贫困理论。20 世纪 80 年代后，理论界在围绕反贫困的同时，也从发展视角切入，提出益贫式增长、包容性增长、资产建设等发展性理论。总体而言，国际反贫困理论来源多样，视角广阔，理论界诸多学者从经济学、社会学、管理学、地理学等学科视角剖析结构贫困问题，积累了丰硕的研究成果，对贫困问题与反贫困理念具有深刻认知，其研究的深度和广度不断拓展。

一、国际反贫困理论特色

（一）国际反贫困理论具有鲜明的学科属性，理论性较强且与其学科属性关系紧密

无论是贫困概念抑或反贫困理念，理论界对贫困认知聚焦于本学科视角，比如经济学多辅以逻辑严密的数理模型，管理学、社会学多依赖深度案例分析，其反贫困理论的提炼具有深刻的学科属性与深厚的理论支撑，体现出理论研究的科学性与缜密性。国际反贫困理论提出的多项贫困类型划分、贫困识别模型与反贫困举措集中体现了人类社会在反贫困斗争中的理论结晶，其理论高度与理论深度得到了普遍认同。中国在反贫困实践特别是反贫困理论提炼初始阶段，也参考了绝对贫困、多维贫困等贫困概念和整体性治理、参与式发展等国际反贫困理论成果，这些科学的理论模型对中国反贫困研究提供了诸多有益借鉴。

（二）国际反贫困理论研究呈现出日渐精细化与精致化的特征，其理论研究的科学性与理论性有余而实践性不足

首先，国际反贫困理论追求理论模型的科学性与极致性，繁杂的限定条件与苛刻的理论假设往往使理论过于深刻与深奥，导致在实践应用层面呈现出应用性不足与难以操作的局面。承前所述，不同学者的研究多从本学科视角出发，这进一步加剧了理论的分隔与目标的分散，不同学科间的理论丰富多样但总体整合不足。国际反贫困理论研究，如纳克斯的"贫国恶性循环"、纳尔逊的"低水平均衡陷阱"等均衡发展理论、缪尔达尔的"循环积累因果关系"等结构主义理论、沃勒斯坦的"中心—边缘"等区域发展理论以及贫困代际传递、贫困文化、能力贫困等理论，侧重于对贫困成因的剖析与贫困问题理解，分析程度深刻，但在贫困问题化解举措方面略显不足。

其次，部分国际反贫困理论多停留于理论层面而难以落地实践。以世界银行为代表的国际反贫困理论指导下的反贫困实践多通过资金配送的方式开展小范围项目实施，但项目周期结束后往往难以上升为所在国家的主流反贫困政策，这无疑削弱了反贫困理论的实践性。同时，国际反贫困理论多脱胎于发达

国家的反贫困实践与宏观背景，在政策转换过程中存在难以转换与效能损失问题，集中体现于理论使用性与迁移性不足。例如，西方各国针对贫困人口的帮扶政策往往依赖其高度发展的经济水平与深厚的工业基础；而发源于孟加拉国的小额贷款对其本国经济发展和妇女减贫发挥了显著作用，但格莱珉银行模式无论在英国等发达国家，还是巴西等发展中国家，都难以发挥其效用，其中既有本国经济结构原因，也有无抵押模式在各国的认同性问题。

此外，国际反贫困实践的零散化倾向阻碍了系统性反贫困理论的形成。减贫作为国际社会共识得到各国认同，无论是2000年《联合国千年宣言》制定的8项千年发展目标（MDGs），还是2015年《变革我们的世界：2030年可持续发展议程》制定的17项可持续发展目标（SDGs），均将消除贫困列为首要目标。世界各国为化解贫困痼疾亦做出承诺并制定实施了多项计划、方案与政策。虽然可以从各国反贫困政策中挖掘出其所应用的反贫困理念，但往往政策偏于零散，难以提炼出具有系统性的理论，许多反贫困政策仅仅是国际反贫困理论的简单回应与理论平移。受限于政权更迭与执政党变迁，许多国家的反贫困实践和理论难以持续推行，反贫困政策中断进一步阻碍了系统性反贫困理论的总结。

综上所述，国际反贫困理论具有鲜明的理论性与科学性，为中国以及诸多发展中国家的减贫理论与实践提供了重要借鉴。但与此同时，国际反贫困理论无可避免地存在理论—政策—实践脱节问题。在种类繁多的国际反贫困理论中，部分理论仅止步于理论层面，而未付诸实践；部分理论受益于世界银行等国际组织推广，得以通过项目制方式推进，但在项目周期结束后，反贫困实践难以上升为国家性的反贫困政策，仍停留于项目层面；部分国家的反贫困实践体现为"补丁式"的零散型政策，缺乏国家层面的顶层设计，致使其难以总结归纳出系统性反贫困理论。三者间的彼此缺漏导致国际反贫困理论面临理论—政策—实践逻辑链的断裂境况。

二、国际反贫困代表性理论与典型性实践

国际反贫困理论纷繁复杂，类型多样，与之相联系的反贫困实践同样呈现出多类型与多层次的特点，不同阶段、不同视角、不同学科下形成的反贫困理论均在其所属领域发挥了重要作用，但若将其置于同一场域进行比较分析，则

由于缺乏统一的标准而难以进行。为此,本研究将选取具有代表性与典型性的反贫困理论以及反贫困实践用于代表国际反贫困理论的总体概况,以期深度展现国际反贫困理论的脉络沿革和典型特征。

(一) 国际贫困理论

贫困问题的诱因具有多样性与多重性,理论界对贫困成因的解释主要集中在区域发展理论、均衡增长理论、结构主义理论、贫困文化理论、代际传递理论与贫困情境理论等。区域增长理论认为贫困问题广泛存在于全球范围内,由于世界经济体系呈现为"中心—半边缘—边缘"特征,而发展中国家在其中处于不平等地位,"边缘"国家长期依附于"中心"国家,导致落入贫困。均衡发展理论认为资本不足导致的低收入水平是贫困产生的根源,并进一步延伸出"贫困恶性循环理论""低水平均衡陷阱理论""临界最小努力理论"等。结构主义理论则通过"二元经济结构模型理论""经济增长不平衡模式理论""循环积累因果理论""增长、不平等与贫困理论",具体阐释导致贫困的结构性问题。贫困文化理论则将贫困归因于贫困人口特定的生活方式、行为规范、价值观念所构成的独特的贫困文化。代际传递理论认为贫困问题的产生主要是由于资源的分布不平衡和劣势的逐步累积。贫困情境理论则认为贫困是社会转型的产物,而穷人是社会情境的适应过程弱势者、失败者与被排斥者,使贫穷者陷入贫穷的根本原因是其所处的情境。

总体而言,上述理论从各个角度刻画并阐明贫困的成因,但多止步于此,而对如何开展反贫困实践涉及较少。正基于此,国际贫困理论在解决举措上的缺乏导致其难以被政府有效采用,呈现出理论与实践脱节。

(二) 国际反贫困理论

为解决国际贫困理论与贫困问题解决与政策回应的不足,国际反贫困理论聚焦于贫困问题解决维度,既有微观个体性反贫困理论,也有综合整体性反贫困理论,同时部分理论也通过国际组织项目配套,得以成为具体的反贫困实践。

具体而言,微观反贫困理论以社会排斥理论、参与式发展理论以及人力资本理论为代表。社会排斥理论提出,贫困集中表现为个体面对外部冲击时的脆弱性、缺少发言权以及被社会排斥在外,为此需要建立相应的被排斥群体识别机制、保障支持机制和社会融合机制等路径。参与式发展理论认为,贫困问题的解决需要实现关键利益相关群体的参与和赋权。人力资本理论认为,发展中国家难以摆脱贫困的本质在于其人力资本匮乏，且缺少对人力资本投资的重视；为此，反贫困需要强化对人力资本的投资，提升人力资本健康水平，加强技术进步与国际贸易促进知识、技术、人力资本的流动。

综合整体性反贫困理论以权利为基础的反贫困理论、能力贫困理论、可持续生计理论、包容性发展理论、社会质量理论、治理理论以及资产建设理论最为典型。以权利为基础的反贫困理论认为，解决贫困问题关键在于政府通过权利方法解决经济问题并增进贫困人口的直接权利。能力贫困理论则认为，反贫困需要为贫困人口提供相应的政治自由、经济基础、社会机会、信息透明以及防护性保障，以提升其可行能力。可持续生计理论则认为，反贫困需要实现物质层面、能力层面以及多维度层面的可持续生计。包容性发展理论认为，反贫困需要营造益贫性环境，实现益贫式增长。社会质量理论认为，反贫困需要改善贫困人口的经济状况，进行社会赋权，提升贫困人口包容度，改善社会团结情况。治理理论主张通过治理能力的提升来改善贫困人口状况，从而实现反贫困。资产建设理论主张通过加强贫困人口资产积累、建立资产账户、强化理财教育等方式实现反贫困。

总体而言，综合整体性反贫困较微观反贫困理论更具整体性视野，也更易被国际组织采用与支持。例如，20世纪80年代由国际自然资源保护联合会、联合国环境规划署首先倡导的绿色减贫增长理论，20世纪90年代世界银行、亚洲开发银行等国际组织倡导益贫式增长理论，21世纪初由亚洲开发银行、世界银行所倡导的包容性增长理论在国际社会引起较大反响，但在实际运行中，由于多种原因，其理论指导下的实践并未成为多数国家反贫困的主导政策，仍停留于试点与项目制层面。此外，诸如治理理论以及发展经济学指导下的众多发展理论并非直接作用于反贫困问题，其首要目标在于实现国家的发展与整体问题，反贫困只是其中的部分目标或间接成效，并非严格意义上的反贫困理论。

（三）国际反贫困政策实践

国际反贫困理论并未实现理论、实践与政策的有机衔接。同时，部分国家也在国际反贫困之外开展直接的反贫困政策实践，其反贫困政策主要集中于瞄准少数特殊群体基本需求的收入维持政策、针对多数贫困群体的收入生产增加政策、针对贫困群体或区域的社会经济发展政策。

1. 瞄准少数特殊群体基本需求的收入维持政策

从基本需求出发的救助政策着力化解社会弱势群体以及贫困群体的贫困问题，通过无差别的资金、服务与实物供给等有针对性的举措来满足其基本生存性需要。在努力消除绝对贫困的过程中，以印度为代表的发展中国家主要采取完善基础设施、加强扶贫开发，为贫困人口提供各项满足基本需求的社会救助路径（左停、金菁，2018）。由于贫困人口主要集中于农村地区，受地理位置与资源禀赋限制，处于国家发展末梢，经济中心对其辐射带动作用弱，而基础设施落后，交通、电力、通信不便，清洁水源匮乏和医疗条件薄弱又将进一步增加生活成本。因此，加强农村地区扶贫开发，完善当地基础设施能够构建益贫式发展环境，从而助力贫困人口脱贫。此外，巴西针对劳动能力不足的贫困人口，以增加转移支付的方式提高家庭收入水平，降低贫困率。通过有条件的转移支付，将补助与教育或劳动相关联，以提高贫困人口发展能力与发展动力。欧盟高度发达的福利体系往往为贫困人口提供无条件转移支付。韩国则通过生产性福利方式，为老年贫困人口提供基本保障。

2. 针对多数贫困群体的收入生产增加政策

从经济支持出发的社会政策致力于提供经济支持来增强贫困群体的原始资本积累，有助于贫困人口跳出低水平均衡陷阱。作为福利国家的发源地，欧洲深受合作主义与普惠性思想影响，普遍实行高福利政策并为国民提供完善的福利保障，其贫困更多表现为相对贫困，且贫困的出现多与失业相关联，因此欧洲社会保障减贫聚焦于就业与劳动市场领域提供经济支持政策。积极的劳动力市场项目（active labor market programs）则通过技能开发培训以及诸如现金或食物换工作等特殊工作计划，帮助贫困人口实现就业，直接提升其收入水平，减少致贫风险。作为东亚为数不多的新兴发达国家，韩国得益于出口导向型经济的快速增长，深受生产性福利思想影响，即支持能够工作者提升创造性与能力，为不能工作者提供最低生活保障。作为新兴工业化经济体的印度，近年来其经济发展速度保持高速增长，但过快的人口增长也造成减贫速度迟缓。由此，印度采用包容性增长理论，建立以促进就业为显著特征的社会保障减贫政策。巴西在经历快速的经济增长和城市化阶段后落入中等收入陷阱，不仅导致经济增长乏力，还面临严重的贫富分化和城市贫困。为此，巴西实施以现金转移支付为主的综合性社会保障减贫政策，以期直接减缓社会分配不平等。

3. 针对贫困群体或区域的社会经济发展政策

针对贫困群体或区域的社会经济发展政策措施既包括基本公共服务的政策支持，也包括社会福利的政策支持。这类措施可以直接地降低贫困人口的生计维护的成本或支持，同时也能够为他们的进一步发展或可持续发展提供平台。从社会经济发展出发的福利政策意在改善公民的生活水平与发展条件，通过对公民的人力资本进行投资来提升困难群体抵御风险的能力（左停、李世雄和武晋，2020）。无论是发达国家还是发展中家，帮扶政策均不约而同地体现出社会投资理念，通过投资教育、健康以及能力提升来提升人力资本。美国、印度与巴西等国在社会保障政策中均对儿童营养给予高度关注，建立专项营养补充计划。欧盟与美国等发达国家在实行教育扶贫时多采用直接的助学计划发放助学金，而以巴西为代表的发展中国家更多地采用有条件的转移支付，将子代接受教育与家庭获得补助金相捆绑，以此激励贫困家庭子女入学。印度出台政策，保证贫困人口每年就业达至少100天，实现弱技能贫困者就业。破除就业歧视，为妇女就业扫清障碍。此外，欧盟等发达国家针对工作贫困还实行灵活保障政策，为非正规就业者提供慷慨的失业保障，提升就业质量。丹麦、荷兰等国通过实行"灵活保障"政策拓展就业岗位，提升就业质量，将非正规劳动者也纳入保障体系中，以有效缓解工作贫困。

总体而言，各国在反贫困实践中实施了丰富的反贫困政策，各项政策对解决反贫困问题发挥了重要作用。但由于各项政策之间缺乏统一调配与整体的宏观设计，多数反贫困政策表现为"头痛医头、脚痛医脚"式的补丁性反贫困政策，零散化的反贫困政策难以有效整合并形成系统性的反贫困理论，进一步导致反贫困理论、实践与政策脱节。

第二节　国际比较视野下中国反贫困理论之特色

中国作为最大的发展中国家，通过脱贫攻坚，历史性解决了绝对贫困问题，取得反贫困斗争的伟大胜利。作为世界反贫困力量的重要组成部分，中国反贫困理论与实践相较于国际反贫困既有其共性特征，又具有独特性表现。在贫困背景方面，中国贫困类型属于发展中国家型贫困，不同于发达国家的相对贫困表征，其反贫困理论与实践主要集中于消除绝对贫困，贫困成因仍以生产力发展不充分不平衡为主。在贫困问题方面，中国脱贫攻坚以消除绝对贫困为根本目标，综合化解收入型贫困与支出型贫困，真正实现"两不愁三保障"，保障群众基本生活水平。与此同时，在反贫困实践中注重贫困户生计能力的重塑与提升，坚持"扶贫先扶志"，因势利导精准扶贫，缓解能力贫困，破除制度性贫困，解决移民贫困。在减贫目标方面，中国承诺"决不能落下一个贫困地区、一个贫困群众"，始终坚持以人民为中心的发展思想，全面建成小康社会，一个不能少；在共同富裕路上，一个不能掉队，致力于彻底消除绝对贫困问题并坚持高位推动，协同发力。在减贫机制方面，中国构建了专项扶贫、行业扶贫、社会扶贫互为补充的大扶贫格局，形成了跨地区、跨部门、跨单位、全社会共同参与的社会扶贫体系。在减贫工具方面，中国既有面向社会全体的普惠型工具，也有针对特定群体的特惠型工具；既有立足于完善基本公共服务的减贫工具，也有着眼于社会经济政策调整的减贫工具；通过开展产业扶贫、科技扶贫、教育扶贫、文化扶贫、健康扶贫、消费扶贫，推动基本公共服务均等化，推进最低生活保障提质扩面，形成多种类型的反贫困工具包。在减贫效应方面，中国不仅着力于解决贫困人口的贫困问题，也注重欠发达地区的发展问题，在反贫困实践中扎实推进欠发达地区人居环境改善和营商环境优化，为其注入持续发展动力。在反贫困过程中，基层治理能力明显提升，中国反贫困理论指导下的减贫实践具有显著的正向溢出效应。

中国反贫困理论、政策与实践具有内在融合、互促共进的鲜明特点，科学的反贫困理论指导下的反贫困实践切实缓解了贫困难题，进而上升为反贫困政策并在更大范围内实施；反贫困政策在实践中不断完善和优化又为理论提炼创造了鲜活素材和验证场域。立足国际视野比较全球各项反贫困理论可以发现，历经长期积累与实践检验的中国反贫困理论在理论维度具有开放性、系统性与人民性的特征，在实践维度具有动态性、完整性与应用性的特点（见图6.1）。简言之，地方性的反贫困实践、全国性的反贫困政策与普适性的反贫困理论三位一体，协同发力，这成为中国反贫困理论中最为鲜明的特征。

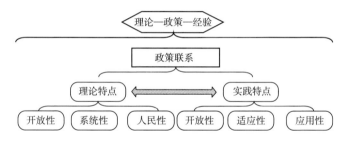

图 6.1　中国反贫困理论的特点

一、中国反贫困理论的理论品质

（一）坚持开放性：立足中国实际，兼收并蓄

中国反贫困理论具有鲜明的开放导向，在吸收国际先进经验与反贫困理论的基础上，根植于广阔的反贫困实践田野，贯穿于中国共产党成立与发展的全过程。依托于中国稳定的政治秩序与一以贯之的执政方针，中国共产党的历代领导人均将反贫困作为施政纲领的重要内容与关键性环节予以推进。

近代中国沦为半殖民地半封建社会，贫困主要是由于受殖民侵略致使国民流离失所，经济建设难以为继。各界仁人志士照搬西方政治制度模式的各种方案均不能完成中华民族救亡图存和反帝反封建的历史任务，无法使中国政局和社会趋于稳定，更谈不上消除贫困、国家富强、人民幸福。究其根本，源于各项方案未能坚持正确的开放导向，照搬理论而脱离中国的具体实际。理论的开放性既要坚持博采众长，避免闭门造车，也要坚持以我为主，为我所用。中国共产党结合中国基本国情与时代背景，引入马克思主义和苏联建设经验，并通过大革命时期领导群众以"斗争谋求民生"，土地革命时期以"政权保障民生"，抗日战争时期以"斗争谋求民生"与"政权保障民生"有机结合，解放战争时期以"斗争谋求民生"与"政权保障民生"来进一步完善和发展。通过建立新中国并巩固新生政权，中国破除阻碍其发展的关键障碍，实现制度性反贫困。

新中国成立初期，中国共产党在学习借鉴各国反贫困建设经验的基础上，抓住主要矛盾，开展大规模土地改革和社会主义制度建设，并建立救灾救荒、优抚安置和"五保"供养等制度，通过救济制度开展反贫困斗争。在改革开放初期，通过"以工代赈"进行区域性扶贫，后期又在全国范围内有计划、有组织、大规模地开展扶贫开发，并针对连片特困地区进行重点开发。在此基础上，中国于 1994 年颁布《国家八七扶贫攻坚计划》，着重解决 8000 万农村贫困人口的温饱问题，进行攻坚式反贫困。2001 年后，考虑到中西部少数民族地区、革命老区、边疆地区和特困地区等区域的贫困状况，实施"县为基本单元、以贫困乡村为基础"的反贫困策略。党的十八大以来，中国立足国情，学习世界反贫困理论经验，把握减贫规律，基于推进整体性贫困治理与生计建设理论，出台了一系列超常规政策举措，现行标准下的绝对贫困得以历史性终结。

总体而言，中国反贫困理论的产生、调整、优化与完善无不与时代关切和具体实际密切关联，并在此基础上积极汲取国际先进经验，博采众长，兼收并蓄，不断传承、优化、创新与完善。此外，相较于国际社会，中国是少有的将反贫困与政权稳定紧密关联的国家，无论是新中国成立初期的历史目标，还是最终实现的共产主义，中国始终将反贫困作为关键议题置于治国理政的重要位置，并在实践中不断更新和完善。

（二）坚持系统性：统筹推进、整体优化

中国反贫困理论具有鲜明的系统导向，通过整体统筹形成科学的系统耦合机制。中国反贫困理论注重整体推进，在全社会范围内形成反贫困主流化意识，将反贫困置于更为宏观的社会经济系统中进行统筹解决，而不局限于"头痛医头、脚痛医脚"式的局部化解方案。换言之，反贫困理论既有针对欠发达地区的整体脱贫方案，亦有针对贫困人口的精准性减贫举措，通过欠发达地区和贫困人口双重帮扶政策，共同助力解决贫困问题。其中，对于中西部少数民族地区、革命老区、边疆地区和特困地区等深度落后地区，构建区域性整体发展规划，营造益贫性发展环境与优化营商环境，强化东西部地区协作，夯实地区发展基础。对于贫困人口，依据致贫原因对症下药、量体裁衣，不仅重视解决暂时性贫困问题，更注重可持续、长期脱贫机制的塑造。对于有发展能力的贫困群体，强化技能训练和教育培训，依托就业扶贫、产业扶贫，搭建稳定脱贫机制；对于部分或全部丧失发展能力的贫困群体，强化保障性反贫困举措，借助低保政策与财政兜底政策，保障其基本生活水平；对于无发展动力的贫困群体，通过志智双扶，激发内生动力，从而构建全社会积极反贫困的良好氛围。

中国反贫困理论注重多措并举、协同发力。贫有百样，困有千种。为此，中国反贫困理论的政策工具箱中涵盖多样化与差异性的反贫困工具，既有诸如光伏扶贫、集体经济分工等增加收入的收入倍增型政策，也有诸如健康扶贫、大病保障等缓解支出压力的支出型政策，更有阻断贫困代际传递链的教育反贫困政策以及提升整体发展水平的基本公共服务反贫困政策。多种政策协同作用，共同推进反贫困实践。

此外，中国反贫困理论具有包容性，针对不同历史阶段与反贫困节点，适时调整侧重点，体现了反贫困理论的积累性与递进性。例如，在"八七"扶贫期间，着力解决 8000 万贫困人口的温饱问题；进入 21 世纪后，将焦点定位于"老、少、边、穷"等贫困地区；党的十八大以来，提出精准扶贫战略，注重解决贫困人口的"两不愁三保障"问题；进入脱贫攻坚期，则又将政策汇聚于集中连片的深度贫困地区和深度贫困县、贫困村，着力解决"两高、一低、一差、三重"等贫困难题。中国反贫困理论除重视空间中上的调整优化外，也会依据经济发展水平调整贫困线，如 21 世纪初曾经正式使用过低收入标准，2008 年底上调扶贫标准，把绝对贫困标准与低收入标准合二为一，将"低收入对象"和"贫困人口"合二为一。简言之，中国反贫困理论在长期的形成与发展过程中始终坚持系统导向，注重总体统筹与局部优化，兼具制度稳定性与灵活性，而部分国家长期照搬世界银行等通行贫困标准，导致贫困人口激增，陷入制度僵化的漩涡。

（三）坚持人民性：人民至上，促进贫困人口全面发展

中国反贫困理论具有鲜明的人民导向，内含以人民为中心的发展思想并投射于人民的幸福感、获得感与安全感中。反贫困理论中的人民性并非抽象意义上的人民，而是切实将人民生计改善置于中心位置。正如中国共产党诞生于风雨飘摇的旧中国，建党之初即面临内忧外患的孱弱局面，因而决定其前途命运的不仅是一般意义上的政治秩序重建，还包括特定历史条件下政党与广大人民内在诉求的完美契合与有效回应，而反贫困即是其中的关键环节。反贫困理论中的人民至上集中体现在人民权利的保障上。权利作为一种规范化、制度化和约束性的利益保护机制（高成军，2013），主要体现为以生存权、社会权和发展权为主要内容的权利谱系。其中，生存权属于基础要件，社会权则是一种要求国家积极介入的积极权利。在工业化时代，家庭功能日渐弱化，市场失灵加

剧，客观上要求政府在民生保障中积极作为以弥补家庭和市场不足，强调对"社会、经济上的弱者给予更加丰厚的保护"，使其"能与其他国民受到同等自由与生存保障"，以实现全体社会成员的"实质平等"（王太高、邹焕聪，2010）。发展权要求国家不再局限于仅从公民自身寻找造成其处于社会弱势地位的原因，而是将内在因素与外在因素有机结合，更加关注导致社会成员处于弱势地位的政治、经济和文化等外部环境透视（吴宁，2008），并逐渐消除造成弱势地位的诸项因素，从而于根源处实现对社会弱势群体的保障。

进而言之，中国反贫困理论中的人民性还体现于人民群众特别是贫困人口的实在获得性。"两不愁三保障"的提出切实兜牢贫困人口的基本生活保障，也为贫困群体提升资产与人力资本奠定夯实基础，促进内源式发展和可持续性发展。

二、中国反贫困理论的实践表征

（一）坚持动态性：与时俱进，动态推进梯度优化

中国反贫困理论的实践表征体现于动态性，是一个持续推进不断完善的过程。理论的形成与发展都是在动态过程中实现的，中国反贫困理论亦是如此，从经验到实践，进而抽象形成理论指导实践，并上升为政策在更大范围推行。与此同时，反贫困实践与反贫困政策中形成的新问题、新思路又逆向反馈至反贫困理论，推动反贫困理论进一步优化完善。中国反贫困理论在各个阶段始终围绕"反贫困"这一中心予以聚焦发力，同时又极力避免落入僵化的形式主义窠臼。具体而言，中国反贫困理论在全国一盘棋的扶贫战略中坚持不同阶段的动态性调整与不同地区的适应性创新相结合，在不同阶段针对不同贫困表现采取与同期经济社会发展水平相适应的减贫举措。一方面，构建了以"中央统筹、省总负责、市县抓落实"的中国脱贫攻坚制度体系，坚持自上而下的全面集中统一管理模式；另一方面，充分尊重地方的差异性和创新性，在统筹标准下建立多级别差别化的地方扶贫模式。而反观部分国际反贫困理论，则趋于简单与过于抽象化，难以适应不同地区的差异化实践。即使是同为低收入国家，不同低收入国家面临的基本情况与发展障碍并不相同，直接套用国际低收入国家反贫困理论往往会出现水土不服，比如用于解决贫困户发展资金不足的孟加拉国的小额贷款在巴西等发展中国家难以发挥效用。

此外，中国反贫困理论的动态性完善不仅体现在中央与地方反贫困理论的适应性调适上，还体现在对贫困人口与贫困地区瞄准对焦的及时性反馈上。中国反贫困理论中的贫困识别瞄准机制是随着政治、社会、经济环境和贫困对象本身的变化而不断发展的，从"个体瞄准"到"区域瞄准"，再到"区域＋个体"的双重扶贫瞄准机制，既考虑到了致贫的地域性因素，又考虑到了致贫的个体因素；既有利于从整体上带动贫困地区经济社会发展，又可以有效激发贫困个体的内生动力。

（二）坚持适应性：注重差异化，精准施策

中国反贫困理论的实践表征体现于适应性，是一个体系完备贯穿始终的理论。反贫困并非百米冲刺，而是一场旷日持久的马拉松。解决表层贫困并非反贫困政策的终极目标，重要的是化解贫困产生的根源，实现脱贫的可持续性与发展的长期性。国际反贫困理论往往聚焦于贫困识别、贫困成因解释或贫困问题的宏观破解或微观化解的某一方面，缺乏完整性与系统性，在实践中即使能较好解决当前环节的问题，但也存在不同理论衔接过程中产生的转换衔接成本。中国反贫困理论则自成一体，贯穿于反贫困的全过程。

于反贫困目标而言，中国反贫困理论不仅提出最终实现共同富裕的宏伟目标，也有脱贫攻坚阶段实现现行标准下消除绝对贫困的阶段性目标。面对现代化进程中的贫困问题，中国反贫困理论将其切分为不同阶段并予以逐一击破，恰如其分地把握好节奏、力度和时限。于反贫困策略而言，中国反贫困理论不仅有科学严谨的顶层设计，也有扎实有效的微观实践，如特色产业扶贫、转移就业脱贫、易地搬迁脱贫、生态扶贫、教育扶贫、健康扶贫、科技扶贫、社会保障兜底减贫、资产性收益扶贫、公益性岗位设置、保险扶贫等。于反贫困的保障体系而言，中国反贫困理论不仅有"中央统筹、省总负责、市县抓落实"的体系保障，也具有专项扶贫、行业扶贫、社会扶贫互为支撑、共同推进的大扶贫格局，保障反贫困政策的成效。于反贫困制度机制而言，中国反贫困理论既有贫困监测预防返贫机制，也有精准识别贫困人口识别机制，还有"六个精准""五个一批"贫困帮扶保障机制，以及反贫困成果巩固拓展保障机制，由此形成一整套体系完备的反贫困机制。

（三）重视应用性：着眼可操作性，知行合一

中国反贫困理论的实践表征体现于应用性，是一个着眼当下知行合一的理论。中国反贫困理论实现贫困理论与反贫困理论有机统一,具有鲜明的应用性与实操性。反贫困理论与反贫困实践以及反贫困政策具有紧密的联结关系。具体而言,中国反贫困理论中对贫困的认知与解决有明确的政策导向,主要分为四个阶段。第一个阶段(1978~1985年)主要是通过改革开放打破平均主义,解放农民生产力,解决普遍性贫困问题;第二个阶段(1986~2000年)开始进行有计划、有组织、大规模的开发式扶贫策略,瞄准贫困区域和贫困县,注重农业生产能力的提升,集中解决贫困人口的温饱问题;第三个阶段(2001~2012年)主要以包括"一体两翼"(整村推进、劳动力转移培训、产业化扶贫)、各类农业支持保护政策和农村社会保障制度在内的综合性扶贫举措的实施为抓手;第四个阶段(2013~2020年)提出和全面实施精准扶贫战略,采取超常规的多样化举措,动员全党全社会力量参与脱贫攻坚战,解决绝对贫困问题(左停、徐卫周,2019)。不同阶段反贫困政策的实施重点均是对中国反贫困理论的现实关切与实践体现。

简言之,中国反贫困理论的应用性深刻体现于对基本国情和具体实际的精确把握,反贫困理论覆盖中国从解决普遍性贫困到解决深度贫困,再到彻底解决绝对贫困的全周期,并将进一步指导共同富裕的政策实践。反贫困理论既是抽象的、指导全局的科学指引,也是具体的、指导具体工作的方案说明。

第七章　中国反贫困理论与国际反贫困理论比较的启示

作为伴随人类社会长期存在的贫困问题，兼具历史性、世界性、普遍性特征，消除贫困既是世界各国经济社会稳定发展的严峻挑战，亦是人类社会孜孜以求的共同梦想。无论是中国反贫困理论，还是国际反贫困理论，均为世界反贫困实践提供了重要指导。中国反贫困理论以其完备的"理论—实践—政策"三位一体的理论体系，在世界反贫困理论中占据重要位置；而国际反贫困理论以其丰富的内容与类型多样的反贫困方案，也为包括中国在内的世界各国提供重要指导（见图7.1）。简言之，无论是中国反贫困理论还是国际反贫困理论，作为重要的公共知识产品，提炼总结深化反贫困理论并结合本国具体实际相机施策，具有重要的理论价值和实践意义。

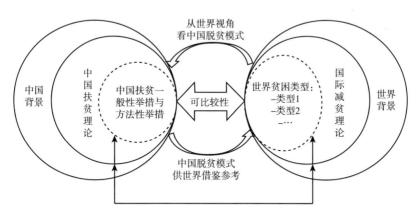

图 7.1　中国反贫困理论与国际反贫困理论的比较

第一节　加强中国反贫困理论系统总结，讲好中国故事

中国地域辽阔，民族众多，各地自然禀赋、经济基础、发展阶段不同，贫

困的源头和特征各异，既有相对比较性质的发展型的贫困，也有原生性质的区域性深度贫困，甚至还有民族整族的历史性贫困，具有丰富的贫困类型和贫困代表性。中国反贫困理论与实践作为世界减贫事业的重要组成部分，在解决超大规模国家贫困问题的过程中形成了有效的、回应性的反贫困治理体系，采取了多样化的减贫政策，创新了许多带有中国特色的反贫困项目举措，形成了极具中国特色的"理论—实践—政策"三位一体的反贫困理论体系。自改革开放以来，按照现行贫困标准计算，中国实现了 7.7 亿农村贫困人口摆脱贫困；按照世界银行国际贫困标准，减贫人口占同期全球减贫人口 70% 以上，并且提前 10 年实现了《联合国 2030 年可持续发展议程》减贫目标，成为助推全球减贫事业和世界经济发展的重要引擎。

中国反贫困具有世界性的减贫与发展意义，不仅以斐然的减贫成绩为国际减贫事业做出直接贡献，更为世界各国减贫实践贡献了包括中国反贫困理论在内的中国智慧、中国方案和中国经验。

中国反贫困实践经验与理论问题受到学界的普遍关注。国内外学者针对中国反贫困经验、模式与方案进行了大量研究并积累了丰富的研究成果，但针对中国反贫困理论的研究还有待进一步挖掘与深化，而从不同视角着眼可以总结出更多具有科学性的中国反贫困理论。考虑到中国反贫困理论的本质属性与项目周期，本研究将主要从整体性治理与资产和生计能力建设框架来归纳其反贫困理论。在整体性治理与资产和生计能力建设理论指导下，中国凝聚社会减贫共识、构建有效治理体系、整合财政涉农资金、打造多维扶贫格局、提升就业发展能力、优化经济环境结构、营造关心贫困氛围、注重家庭生计能力提升和资产建设，并坚持党的领导，形成政府主导、社会参与、群众主体的扶贫体制。在社会经济发展进程中，始终把一以贯之的长期扶贫战略与重点阶段的攻坚扶贫集中动员相结合；坚持区域瞄准与人群瞄准相结合；坚持全国集中统一管理与不同阶段的动态调整和不同地区的适应性创新相结合；坚持广泛的经济发展带动与专项扶贫项目推动相结合，坚持开发式扶贫与保障性扶贫相统筹推进减贫。在目标设定方面，坚持区域瞄准与人群瞄准相结合；在进程节奏方面，坚持长期战略与阶段安排相结合；在干预措施方面，坚持统一部署与鼓励创新相结合。此外，中国也积极吸收和学习国际反贫困理论与经验，并在实践中创新反贫困方案模式，进而反馈并优化反贫困理论，如光伏扶贫体现资产收益扶贫理论，公益性岗位体现以工代赈工作福利理论，完善基础设施提升基本公共服务水平体现包容性扶贫理论，电商扶贫体现社会市场扶贫理论。

作为重要的公共知识产品，兼具"理论—实践—政策"三位一体的中国反贫困理论对于国际社会，特别是众多发展中国家开展反贫困实践与总结反贫困理论具有重要意义。为此，需要从全球知识角度阐释中国反贫困理论，阐明反贫困理论作用发挥的前提要件和内在逻辑，即通过反贫困主流化意识的建立来凝聚社会合力，通过资产建设等方式实现生计系统良性循环。此外，在向世界翻译、传递、交流中国的反贫困理论的过程中，既要明确其理论的特殊性与本土性，又要明晰其理论的一般化与推广性，从而推动中国反贫困理论的国际化，为世界反贫困提供理论助力。

第二节　借鉴国际反贫困理论，助力中国乡村振兴

贫困治理是一个循序渐进、日渐深化的过程，消除贫困也是人类社会的共同使命。在与贫困斗争的过程中，世界各国采取了方式各异、类型多样的反贫困举措，也由此积累了丰富的减贫经验与反贫困理论。国际社会，特别是发达国家与世界银行等国际组织提出的反贫困理论立足时代发展前沿，对于包括中国在内的发展中国家具有重要的先导性与启发式参考。

中国在历史性解决绝对贫困问题后，需要进一步巩固拓展脱贫攻坚成果，着力提升低收入人口收入，推动欠发达地区发展。而国际反贫困理论大多脱胎于发达国家社会实践，其理论对于化解低收入人口问题具有较强的通用性与借鉴性。例如，包容性理论旨在消除个体机会的不平等，特别是缩小社会不同群体之间的收入差距，提高社会收入结构的均衡程度。其本质是要消除相对贫困，倡导社会机会平等，使全社会各阶层能够共享经济发展成果，使人们能公平地享有经济增长所带来的经济机会，使弱势群体得到保护，享有参与经济政治生活的权利，同时免受风险的危害（李炳炎、王冲，2012）。在实现包容性发展的同时，也需要提升市场活力与社会效能，即充分发挥社会市场作用。社会市场理论是指，将市场的原则和技术用于创造和沟通以及传递价值，以影响目标群体的行为，使其有益于社会（公共卫生、安全、环境和社区）以及目

标群体（Kotler and Lee，2009）。社会市场理论是在遵循市场经济规律的同时辅以经济保障的经济制度，即在保留以个人权利和自由为基础的市场效率的同时，用"社会"来统一不同群体和规制市场经济，实现社会合作与团结，进而达到共同富裕（周建明，2015）。通过维护公平自由的市场竞争秩序、减少垄断，以提高经济运行效率，充分发挥市场在资源配置中的决定性作用。形成劳资双方之间的社会伙伴关系，积极谋求共同利益，"协调社会各大主要建设力量，能动统一地解决利益冲突"（波兰尼，2007），实现经济效益与社会利益的有机结合。依据经济发展水平和财政能力，提供适度的社会保障，发展多元福利制度，实现福利制度国有化基本属性与部分社会保障项目私有化发展相结合，积极发挥社会组织与私营企业的作用。此外，社会投资国家理论提出，在任何可能的情况下，要投资于人力资本，而不是直接给予利益（安东尼·吉登斯，2001）。面向低收入人口的社会政策应从事后补救转向积极的事前预防，保护其抵御劳动力市场的诸多风险，并将资源进行重新分配，通过鼓励个人自立来激发个人能力和潜能，注重对弱势群体的教育、技能培训，促进机会平等，增强抵御市场风险的能力，实现低收入人口的生计系统的良性循环。

国际反贫困理论在解决贫困问题的同时，也通过区域发展，间接作用于贫困群体，实现整体性发展。在新的历史条件下，中国应进一步通过乡村振兴来推动农村发展，助力共同富裕目标的实现。其中，推动农业产业化和现代化是解决农村发展问题，实现乡村振兴的关键目标。我国农业部门仍然面临由传统向现代转型的问题，农业部门劳动力、土地要素投入的回报仍然低于第二、三产业，农业部门产业、市场体系与现代产业体系仍然存在差距。因此，仍然需要推动农业产业化和现代化发展，从产业链、物流体系、金融服务以及数字经济基础设施和服务等来增加供给和支持，不断提升农业部门生产要素投入回报。与此同时，着眼于缩小城乡差距，实现基本公共服务均等化是由现代化城市和现代化乡村共同组成，而中国乡村发展程度明显落后于城市，二元经济特征突出。如何在城市化进程中保持城乡差距不会扩大是现代化进程中面临的现实难题。从社会发展角度看，推进城乡基本公共服务均等化无疑是重要的切入点。建立城乡合一的基本公共服务体系以及进一步改善乡村基础设施和人居环境，为促进城市乡村等值化奠定基础。此外，对妇女和儿童的长期有效干预是阻断贫困代际传递的重要手段。尽管目前我国的社会保障、医疗、教育政策已经覆盖了绝大多数的贫困妇女和儿童，但多为普惠型政策，缺乏针对贫困地区妇女的产业扶贫、旅游扶贫、教育扶贫项目，因此难以就近解决贫困妇女的就业问题。外出打工势必增加流动妇女在城市中的返贫风险和留守儿童的照料缺失问题，因此建议在乡村振兴帮扶项目中增加脱贫地区，尤其是少数民族脱贫地区中有关女性的教育、发展产业、旅游扶贫的项目，减少妇女外出就业的风险及对家庭的不利影响。

第三节　创新中国低收入人口支持和帮扶理论

中国通过脱贫攻坚消除了绝对贫困，但发展不充分不平衡问题仍然显著，低收入人口的支持帮扶政策与欠发达地区发展理论也需要进一步完善优化。目前总结的中国反贫困理论对于破解贫困难题发挥了重要作用，但由于该理论主要基于过往实践，因此存在理论的阶段性特征与有限性。与此同时，国际反贫困理论多数脱胎于发达国家的政策实践，且国际反贫困理论往往与发展理论、社会保障理论和低收入理论密切贯通，呈现出彼此交叉的特点（见图7.2），在一定程度上可以为中国未来理论发展提供有益借鉴。

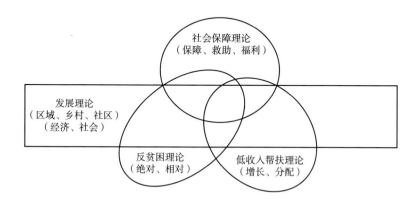

图7.2　发展理论、反贫困理论、低收入帮扶理论和社会保障理论示意图

鉴于此，中国应在学习借鉴国际广义反贫困理论的基础上完善创新中国低收入人口支持和帮扶理论，以进一步支持低收入人口发展，进而推动实现共同富裕。

一、构建适应性社会保障体系，提升社会保障减贫的基础水平

风险无处不在，无时不有。由于中国地域广阔，东中西部发展程度迥异，实现消除绝对贫困后还需做好防止返贫工作，巩固拓展脱贫攻坚成果，因此需要构建多样化的社会保障体系，通过社会保险遏制贫困增量，通过社会救助减少贫困存量，通过积极劳动市场项目控制贫困变量。首先，完善多层次、多支柱社会保险制度，扩大保险覆盖面，提升保障水平，建立贫困预警机制，以防范各项致贫风险，避免暂时性贫困演化为长期贫困；其次，重点聚焦"无业可扶、无力脱贫"的"两无"人群，对于特殊贫困群体，提高救助水平，坚持临时救助与长期救助相结合，兜牢社会安全网；再次，激发就业市场活力，建立弹性就业制度，通过赋权增能提升弱势群体就业能力与增收能力；最后，在构建多样化社会保障体系的同时，强化社会保障理念，积极探索社会保障减贫新渠道、新路径。

减贫并非一代人的事业，巩固拓展脱贫攻坚成果、实现共同富裕需要建立贫困代际传递阻断机制，着重补齐营养、教育与就业短板。实施营养扶贫战略，重点面向欠发达地区普及营养教育，推动营养健康扶贫、营养科普扶贫与营养产业扶贫，进行营养干预；坚持科教兴国、人才强国战略，重点发展基础教育与职业技能教育，补齐学前教育短板，推进优质普惠学前教育资源扩容。

此外，积极开发具有预防性质的保障工具，建立扶贫综合保险，化解因牲畜疾病、作物受灾、市场急剧波动、意外伤害、疾病身故和就学养老等多种生产和生活风险，以"一揽子"保险的方式为其筑牢基本生活保障网，实现从贫困救助到贫困预防的跨越式转变。

二、促进积极、发展性和多样化的社会支持帮扶政策供给

中国在实现第一个百年目标，迈向第二个百年目标的征程中，需要主动对弱势群体提供社会支持帮扶政策，通过建立和健全积极、发展性和多样化的社会支持帮扶政策，可以为解决发展不平衡不充分，乃至实现共同富裕奠定重要基础。社会救助不仅是单向的政策帮扶，更应是双向的互动参与，通过革新社会救助思维，推进救助方式多重化。构建社会救助权责对等机制，受助者在获得救助缓解贫困的同时，也应履行参加旨在助其提升能力与发展机会的帮扶培

训，通过积极自救来摆脱贫困，加强救助双方的互动参与。在救助内容方面，通过资金、实物和服务多种方式，分层、分类给予救助，避免"一刀切"。以家庭为单位进行救助，注重家庭结构差异，综合考量家庭规模、婚姻状况、育儿成本、劳动力结构以及储蓄情况，对单亲家庭及弱劳动能力家庭给予更多政策倾斜。对于无劳动能力者，以现金救助为主，服务救助为辅；对于有劳动能力者，以服务救助为主，现金救助为辅，依据被救助者实际诉求提供救助帮扶。在救助主体方面，构建救助主体多元参与格局，充分发挥社会组织和慈善力量参与救助，调动社区活力，形成互助体系。

三、完善劳动力市场政策，加强对劳动者的就业和失业保护

就业是实现长效脱贫的根本路径，要适时调整就业政策，实施积极的劳动力市场项目，提高就业市场的风险抵御能力。我国存在大量的农民工群体，农民工群体技能相对较弱，工作稳定性与抗风险能力弱，一旦遇到自然灾害或市场风险导致的经济下行，容易失业，继而导致其家庭陷入贫困。新冠肺炎疫情致使众多企业生产停滞，不仅影响农民工外出就业，而且对全社会就业体系造成严重冲击。因此，可以借鉴丹麦、荷兰"灵活保障"政策，在增加劳动力市场弹性与工资灵活性的同时，强化收入保障、综合保障，建立职业培训补贴常态化补贴制度，为非正规就业人员提供技能培训。推进非全日制劳动者与全日制劳动者权利平等化，打通正规就业与非正规就业壁垒，为农民工、临时工和灵活就业人员提供完善的就业保障，允许灵活就业人员参加失业保险与工伤保险，以保证其在失业期间的基本生活。同时，积极落实高等教育扩招政策，既可以缓冲疫情带来的巨大就业压力，又能培养高素质人才，提升劳动力技能水平。

此外，我国当前的失业保险生活保障有余，而促进就业不足。一方面，失业保险给付期较长；另一方面，大量灵活就业人员被排斥在失业保险保障体系之外。因此，要重塑失业保险价值定位，坚持失业保险保障生活与促进就业的双重目标，强化其促进就业的功能，激发失业者的就业动力，提升失业者就业能力，避免安全网演变成为吊床，使身体健全者陷入福利依赖。

四、统筹农村支持帮扶政策体系建设，强化农户资产和能力建设

中国在脱贫攻坚中形成了整体性贫困治理理论，其核心在于通过宏观统筹

汇聚政策合力，实现帮扶支持政策的系统耦合。在新阶段，需要继续坚持统筹性农村支持帮扶政策体系建设，健全面向全人群普惠性的基本公共服务政策，完善面向脆弱群体特惠性的兜底性保护政策，优化以效率为导向、兼顾公平的社会市场政策。

具体而言，通过完善农村基础设施，营造良好的投资环境，改善地区社会经济发展环境，补齐基本公共服务短板。加大基本公共服务投入力度，推动城乡均等享有和协调发展，实现地区公共服务均等化。降低欠发达地区的脆弱性。加快义务教育均衡发展，积极发展中等职业教育。健全覆盖城乡居民的基本医疗卫生制度，提升基层医疗卫生服务能力，扩大基本公共服务有效供给，提高服务质量和水平，建立健全相关配套支持政策，为全人群提供更可及、更便利的基本公共服务，推动乡村实现长足发展，提升全人群整体福利水平。完善特惠性兜底保障政策，切实提升农村最低生活保障水平，拓展农村养老和留守儿童等弱势群体的兜底保障范围和力度，健全防止返贫监测和帮扶机制，健全农村低收入人口帮扶机制，防止出现规模性返贫问题，筑牢乡村振兴基底。健全以效率为导向、兼顾公平的市场化政策，既注重生产效率的提升，又有效纠偏市场失衡，积极维护市场秩序。在提升生产效率的同时，为竞争失败的群体提供安全网保障，特别是加强对欠发达地区与低收入人口在市场竞争中的扶持和保护。通过自由竞争创造经济繁荣，国家采取适当干预，重新分配财富，以维护社会公正，实现做大蛋糕与分好蛋糕的有机统一。

在此基础上，强化农户资产和能力建设，塑造内源性良性循环发展机制。提升农民教育水平、加强就业技能培训；树立致富典型以发挥其引领带动作用；激发内生动力，通过赋权增能提升弱势群体就业能力与增收能力，引导农民增收致富，特别是低收入人口积极追求美好生活的自主性和信心。同时，多渠道增加农民收入并强化资产建设能力，优化人力资本、自然资本、物质资本、物质资本与金融资本流动，提升农民整体发展能力，进而推动乡村振兴，实现共同富裕。

附录1 不同国家（地区）的贫困标准和瞄准群体

序号	国家（地区）	贫困定义	最新贫困标准	减贫战略目标群体
1	孟加拉国（南亚）	孟加拉国的贫困有两大类，即贫困和极端贫困，两者均以每日卡路里摄入量来衡量。孟加拉国贫困发生率的衡量来自家庭收入和支出调查（HIES）的报告，测量食物能量摄入量和直接卡路里摄入量方法	根据HIES，每日卡路里摄入量低于2122千卡的人被视为贫困，摄入量低于1805千卡的男性被视为严重贫困，而摄入1600千卡的则被视为极度贫困	政府的一个重要目标是确保在全国范围内消除贫困，从而不让任何地区掉队
2	巴西（拉丁美洲）	巴西将贫困定义为：由于无法获得收入、消费或一揽子被认为是维持生计所必需的商品和服务而处于脆弱境地的个人、家庭或家庭的状况	贫困和极端贫困是基于收入或消费来衡量的，通过5.5美元和1.9美元的购买力平价（PPP）线来衡量（IBGE，2019a）	减贫战略的目标人群广泛
3	布基纳法索（西非）	布基纳法索的贫困包括贫困的两个层面：生理层面（经济贫困）和社会层面（人类贫困）	布基纳法索有40.1%的人口生活在国家贫困线以下；此外，恐怖袭击加剧了不安全状况，导致前所未有的人道主义危机	布基纳法索的减贫目标既针对城市人口，也针对农村人口，但农村地区的贫困问题更为严重
4	喀麦隆（西非）	喀麦隆贫困的主要决定因素仍然是缺乏工作、基本经济基础设施不足（特别是道路）、农牧业活动难以获得土地、普遍腐败和公共资源管理不善	在喀麦隆，45.3%的人口（11430人）处于多维贫困状态，另外17.3%（4360人）被归类为易受多维贫困影响的人口。多维贫困人群所经历的平均剥夺得分的广度为53.5%。根据剥夺强度调整的多维贫困指数（MPI）为0.243	喀麦隆的减贫战略是针对城市和农村人口，尤其是远北地区的农村人口

序号	国家（地区）	贫困定义	最新贫困标准	减贫战略目标群体
5	智利（拉丁美洲）	衡量收入贫困和多维贫困。收入贫困包括贫困和因收入不足导致的极端贫困。两者都基于家庭收入与贫困线和极端贫困线进行的比较。贫困线和极端贫困线代表满足一系列基本需求所需的最低收入标准，基于在人口中观察到的消费模式	用收入贫困衡量的总贫困率估计为 8.6%，其中 6.3% 为非极端贫困（1115445 人），2.3% 为极端贫困（412839 人）。2017 年分地区数据显示，农村贫困人口占总人口的 16.5%，城市贫困人口占总人口的 7.4%	位于山区、沿海和内陆地区的农村和城市住户
6	哥伦比亚（拉丁美洲）	（1）货币贫困：衡量收入低于政府规定的最低月薪的人口的百分比（2）多维贫困：使用多维贫困指数（MPI）计算，该指数衡量家庭在 5 个基本福利方面的匮乏情况，而不是缺乏收入	2020 年，人均货币贫困线为 331.688 美元，如果是四口之家，则为 1326752 美元；如果家庭位于市区，则为 1478992 美元	针对货币贫困和多维贫困的人群
7	厄立特里亚（东非）	厄立特里亚的贫困不仅仅是指收入不足或缺乏人类发展，还包括管理脆弱性	贫困数据显示，全国总体贫困率为 66.40%，城乡贫困率分别为 64.64% 和 70.32%。在厄立特里亚，贫困是根据货币价值计算的：贫困线是人均 240 纳克法/月，极端贫困线是人均 150 纳克法/月	厄立特里亚政府既关注城市贫困人口，也关注农村贫困人口，而农村和城市地区的贫困人口面临的挑战在性质和规模上各不相同
8	埃塞俄比亚（东非）	贫困线是人们预期满足其最低热量需求的人均消费水平	贫困和不平等状况 2015/2016 年度调查显示，衡量埃塞俄比亚贫困线以下人口比例的贫困人数指数在 2015/2016 年度估计为 23.5%，城乡之间存在显著差异：城市地区为 14.8%，农村地区为 25.6%	埃塞俄比亚政府致力于通过解决弱势群体（儿童、青年、女性、残疾人、老人和穷人）的需求来消除贫困。针对那些难以获得优质社会和经济基础设施以及在农村和城市地区各级面临雨水和食物短缺的地区和社区的人

续表

序号	国家（地区）	贫困定义	最新贫困标准	减贫战略目标群体
9	加纳（西非）	在加纳，对贫困的分析侧重于消费贫困，将贫困人口归类为对基本消费需求（包括食品和非食品成分）缺乏掌控力的人。消费贫困特别涉及生活水平低于所定义的消费篮子（以贫困线表示）的人口	2016/2017 年度的贫困人口的比例为 23.4%。根据 2010 年人口和住房普查（PHC）对 2017 年的预测，加纳约有 680 万人处于贫困状态，农村地区约有 220 万人生活在极端贫困中	针对农村地区的极端贫困人口
10	印度（南亚）	贫困是指，在一定时期内，每个人对一揽子必需品的消费或支出，以满足基本的最低生活标准	按 2011～2012 年的价格计算，在每日人均支出方面，城市为 47 卢比（0.63 美元），农村为 32 卢比（0.43 美元）。从每月人均消费支出来看，农村地区为 972 卢比（13.11 美元），城市地区为 1407 卢比（18.98 美元）	印度将城市和农村人口作为减贫目标，包括从事非农业活动的农业工人、小农和边缘农民，以及从事非农业活动的临时工，他们构成了农村贫困人口和城市地区以及生活在贫民窟的移民工人的大部分
11	印度尼西亚（东南亚）	中央统计局（Budan Pusat Statistik）使用基本需求方法或满足基本需求能力的概念来确定印度尼西亚的贫困率。根据这一方法，印度尼西亚的贫困被视为经济上无法满足基本食品和非食品需求	中央统计局指出，在 2019 年 9 月至 2020 年 3 月期间，印度尼西亚的贫困线提高了 3.20%，即从人均 440538 印尼盾（2019 年 9 月）增加到人均 454652 印尼盾（2020 年 3 月）。2020 年 3 月，食品贫困线为 335793 印尼盾（73.86%），非食品贫困线为 118859 印尼盾（26.14%）	印尼政府主要针对贫困人口，特别是农村居民和接近贫困的人，或接近贫困线并有重新陷入贫困风险的人

序号	国家（地区）	贫困定义	最新贫困标准	减贫战略目标群体
12	莱索托（南非）	通过实际利益相关者进行的莱索托贫困评估将贫困描述为缺乏有意义的生活所需的基本需求，例如食物、医疗保健、教育和住所；此外，还从收入的角度考虑贫困	莱索托的贫困标准为648.88 洛蒂（2017 年价格）（约合 303.04 元人民币）。城市贫困人口比例为 28.5%，农村为 60.7%，城乡贫困差距较大。按照每天1.90 美元的国际贫困线衡量，莱索托的贫困人口占比达 27.3%	重点是农村地区的城市化，以改善生活条件
13	利比里亚（西非）	在利比里亚，由于增长和发展的历史模式，贫困和脆弱性具有地理和人口两个层面	50.9% 的人口经历绝对贫困	利比里亚的减贫战略针对所有人和所有群体。然而，扶贫组织非常关注儿童、青年、妇女、老人和有特殊需要的人等群体
14	马拉维（南非）	在马拉维，总贫困线包括两个主要部分：食物和非食物。食物贫困线代表提供每人每天必要能量需求（2400/p/d）的食品包的成本（首先对成本进行估算，然后加上其他基本需求的成本补贴）	2016 年，生活在每天1.90 美元国际贫困线以下的人口比例估计为 71.4%。2016 年，马拉维政府将国家贫困线定为每人每年164191 兆瓦克，国家极端贫困线为每人每年 101864 兆瓦克。根据此标准，51.5% 的人口生活在国家贫困线以下	减贫战略的目标群体为妇女、青年、老人、残障人士和弱势儿童
15	缅甸（东南亚）	在缅甸，穷人被定义为负担不起满足基本最低需求的一揽子商品的人。贫困线定义了一个人不被视为严重贫困所必需的最低福利水平	在缅甸，如果一个人生活在每天消费 1590缅元或更少的家庭中，则他或她被认为是穷人。如果一个家庭的人均消费水平低于满足缅甸基本最低生活标准所需的阈值，则该家庭被视为贫困家庭	缅甸政府致力于在全国和地区层面减轻贫困

续表

序号	国家（地区）	贫困定义	最新贫困标准	减贫战略目标群体
16	尼泊尔（南亚）	贫困是指低于尼泊尔政府根据某些标准设定的国家或地区贫困线，在教育和健康等人类发展指标上落后，并且由于性别和所属社会群体而无法被纳入国家发展进程	尼泊尔第三轮生活水平调查（NLSS-III）按照基本需求成本法估算国家贫困线，即满足食品和非食品基本需求所需的、以当地货币计的支出。目前的官方贫困线是每年人均低于 19261 卢比	尼泊尔政府主要针对城乡贫困居民
17	尼日尔（西非）	总的来说，贫困是一种个人或集体剥夺的状态，它使人处于缺乏或无法满足其基本生活需求的境地。根据尼日尔目前的情况，贫困可以定义为人口购买力和生活条件的恶化。贫困还体现在缺乏足够的收入（货币贫困）来满足营养、粮食安全、健康、教育和获得基本基础设施方面的基本需求	该国的极端贫困率在 2020 年高达 42.9%，影响超过 1000 万人口；2021 年，极端贫困人口估计将增加 30 万人	贫困普遍存在于农村，2/5 的尼日尔人生活在国家贫困线以下（900 万贫困人口中约有 95% 生活在农村地区，几乎一半的农村人口无法满足其基本食物和非食物需求），农村人口是减贫计划的目标对象
18	巴基斯坦（南亚）	一个人或家庭缺乏能够消费某一最低限度的一揽子商品所需的资源的情况，包括食物、衣服、住房和其他必需品（中等贫困），或仅食物（极端贫困）。基于收入的方法是用于定义贫困的最常用方法	根据世界银行的数据，巴基斯坦的多维贫困指数（MPI）为 0.228，巴基斯坦 80% 的贫困人口生活在农村地区，2020 年 6 月全国贫困率为 40%；根据联合国开发计划署的一份报告，巴基斯坦 65.5% 的人口每天的收入低于 2 美元	社会安全网的目标群体来自农村和城市地区，包括临时工和非正规工人、低资本自雇人士、低级别正规部门工人、没有家庭或社区支持的妇女和儿童等

序号	国家（地区）	贫困定义	最新贫困标准	减贫战略目标群体
19	菲律宾（东南亚）	"穷人"是指收入低于国家经济和发展局定义的贫困线和/或无法持续满足其最低限度的食物、健康、教育、住房和其他基本需求的个人和家庭	2018 年，一个五口之家平均需要至少 7337 菲律宾比索，才能满足一家人一个月的基本食物需求。这个数量是食物阈值。此外，平均每月需要至少 10481 菲律宾比索，以满足一个五口之家的基本食物和非食物需求	社会改革和减贫的重点包括农民和无地农民工；渔民；妇女和儿童；长者；青年和学生；残疾人士；土著居民/土著文化社区；城市贫民；正规部门的工人和农民工；非正规部门的工人；灾难和灾难的受害者；非政府组织和合作社
20	南苏丹（东非）	贫困是指个人福利的一个或多个方面被明显剥夺，比如获得医疗设施的机会有限、人力资本低、住房基础设施不足、营养不良、缺乏某些商品和服务，以及无法表达其政治观点	根据国家统计局 2013 年全国住户基线调查，51% 的人口生活在贫困线以下，78% 的家庭以种植业或畜牧业为主要生计来源	减贫战略的目标人口以农村人口为重点，通过修建公路连接农村和城镇，通过基础设施向农村提供服务
21	苏丹（东非）	贫困线定义为每月总消费值低于 114 镑（以每人每天 2400 卡路里作为每日能量摄入阈值计算）的人	2014～2015 年苏丹的贫困率为 36.1%，农村居民的贫困率更高，57.6% 的家庭处于贫困线以下，而城市人口的这一比例为 26.5%，此外，苏丹 25% 的人口生活在极端贫困线以下	苏丹的贫困因地区和州而异。减贫战略的目标人群包括收入来自农业和畜牧业的农村居民，以及干旱易发地区和有冲突的地区的人、户主为女性家庭

续表

序号	国家（地区）	贫困定义	最新贫困标准	减贫战略目标群体
22	塞拉利昂（西非）	在塞拉利昂，贫困在传统上是根据收入/支出方法定义的。在这种情况下，个人或家庭因无法满足食物和基本需求而被视为贫困	塞拉利昂的总体贫困率为57%，其中10.8%的人口生活在极端贫困中。农村地区的贫困率最高（72.4%），首都弗里敦的贫困率最低（18.5%）。全国多维贫困指数为0.375	塞拉利昂的贫困仍然主要是一个农村问题，国家减贫战略主要关注农村人口，尤其是妇女、残疾人和青年
23	坦桑尼亚（东非）	在坦桑尼亚，贫困的定义通常与家庭预算调查相关。因此，贫困是指对特定社会最低生活标准的基本成本的评估，并衡量被认为无法满足这些基本需求的家庭数量和/或人口比例	2018年，约有1400万人生活在相当于每成人每月49320先令的国家贫困线以下，约2600万人（约占人口的49%）生活在每人每天1.90美元的国际贫困线以下。2017/2018年度，基本需求贫困率为26.4%	坦桑尼亚的减贫战略同时关注农村和城市地区的贫困家庭，但由于农村地区的贫困发生率高于城市地区，因此非常强调使农村人口脱贫
24	冈比亚（西非）	贫困表现出货币和非货币方面的多维现象。当个人没有就业、教育和健康充实的生活机会时，他们通常被视为穷人	冈比亚家庭每月支出大约需要10643迪拉姆，但大多数冈比亚家庭每年的收入不超过20500迪拉姆，其中食品支出约占总支出的52%。48.6%的冈比亚人口估计处于冈比亚贫困线以下	冈比亚64%的贫困人口来自农村地区，因此政府针对农村人口进行扶贫
25	津巴布韦（南非）	贫困的初步定义是粮食不安全，即每天三餐的可及性和可负担性，其中涉及营养价值和失业率。贫困是由高度不平等、经济迅速衰退、艾滋病毒流行率高和结构性失业高、气候相关冲击等造成的	根据第一轮PICES快速电话调查，2020年6月至7月，城市地区在新冠肺炎疫情之前从事有偿工作的人中有18%不再工作，而农村地区的这一比例为10%。2020年8月，16%的家庭企业暂时关闭，58%的开放企业的销售收入较低或没有	减贫战略的目标群体包括妇女、青年、老人、残障人士和弱势儿童

附录2　不同国家（地区）的反贫困目标与主要计划

序号	国家（地区）	减贫目标	主要减贫长期战略和当前计划
1	布基纳法索（西非）	国家经济和社会发展计划（PNDES）旨在建设民主、经济和社会进步、自由和正义的布基纳法索，通过国民经济的结构转型，实现强劲增长，同时大力减少社会不平等，以及农村和城市贫困	● 长期战略： 布基纳法索2025年愿景：建设团结、进步和正义的国家，巩固其在国际舞台上的地位，使国家经济具有竞争力，巩固增长和繁荣，并改善民众的生活质量 ● 当前的中期计划： PNDES 2016－2020：旨在在公平和可持续的社会框架内实现人均收入的累积增长，从而减少贫困，进行能力建设和满足民众的基本需求
2	冈比亚（西非）	政府2018～2021年三年发展计划的目标是为所有冈比亚人的福祉而实现良好的治理和问责制、社会凝聚力、民族和解，以及振兴和转型经济	● 长期战略： 冈比亚2020：目标是将冈比亚转变为金融中心、旅游天堂、贸易中心，以及出口导向型农业和制造业国家 ● 当前的中期计划： 新民主党2018～2021年的总体目标将通过八个战略重点来实现：（1）恢复善治，尊重人权，法治和为公民赋权；（2）稳定经济；（3）建设现代化农业和渔业部门，实现粮食和营养安全，以及减贫；（4）通过人力资本开发，对人进行投资；（5）基础设施和能源服务；（6）包容性和以文化为中心的旅游；（7）人口红利；（8）让私营部门成为增长的引擎
3	塞拉利昂（西非）	中期国家发展计划(2019～2023年)是第四个发展计划，旨在建立一个团结、和平、进步、充满活力、自信、进取和幸福的国家，让民众有机会获得工作、食物、教育和医疗服务，并享有平等的正义和平等的机会	● 长期战略： 塞拉利昂2035：到2035年，成为具有包容性和绿色的中等收入国家，特别是在为妇女赋权、消除饥饿、使80%以上的人口生活在贫困线以上、每个儿童都接受免费义务教育方面，实现识字率达90%，让所有人都能获得负担得起的住房、优质的医疗保健，提高健康质量和标准，拥有良好的基础设施，让私营部门主导的增长和发展，以及有效的环境和自然资源管理系统

序号	国家（地区）	减贫目标	主要减贫长期战略和当前计划
3	塞拉利昂（西非）		● 中期计划： 中期国家发展计划（2019～2013 年）（MTNDP 2019–2023）：该计划的总体目标是通过教育、包容性可持续增长和建设有弹性的经济来改善民众的生活，从而减少各种形式的贫困
4	利比里亚（西非）	2018～2023 年，解决利比里亚人在收入保障、更好地获得基本服务以及在包容和稳定的有利环境中获得更多自我完善机会的基本需求将成为扶贫议程的核心。虽然长期目标之一仍然是按照 2030 年愿景框架，将人均收入水平和经济地位提高到中等收入国家水平，但未来五年的重点将是消除实现该目标的约束性限制	● 长期战略： 利比里亚崛起 2030：到 2030 年，成为中等收入国家，不仅包括经济增长，还包括包容、公平、正义、和平、和解、人类发展和善治 ● 中期计划： 繁荣与发展亲贫议程（2018～2013 年）（PADP 2018–2023）：该议程包含两个核心目标，即建立更有能力和可信度的国家机构，从而建立一个稳定的、有弹性和包容性的国家，拥抱其三重遗产并以其非洲身份为基础；为另外 100 万利比里亚人提供更大的收入保障，并通过扩大农业、基础设施和人力资源开发投资驱动的持续和包容性经济增长，将 6 个地区中的 5 个地区的绝对贫困减少 23%
5	加纳（西非）	经济和社会发展政策协调方案（2017～2024 年）通过创造性地开发人力和自然资源，建设一个民主、开放和公平的社会，建立一个乐观、自信和繁荣的国家，让所有人都存在信任和经济机会	● 四个关键目标：建设一个繁荣的国家，为所有加纳人创造机会，保护自然环境并确保有弹性的建筑环境，维护一个稳定、团结和安全的国家 ● 具体目标包括：要求优化经济增长的主要来源，改善竞争和有利的营商环境，以形成能够抵御内部和外部冲击的强大和有弹性的经济；为所有人创造机会需要加强民众的准备，以利用当前和新出现的机会；不仅应在所有社会经济群体和社区的各个层面大幅扩大获得优质教育和医疗保健的机会，而且还应提高大规模创造就业的能力；认识到对于各种贫困的原因，必须做出特殊规定，让所有人都有公平的机会享受免费的福利和繁荣的社会，特别强调加强社会保护，特别是对儿童、妇女、残疾人和老年人的保护

序号	国家（地区）	减贫目标	主要减贫长期战略和当前计划
6	尼日尔（西非）	尼日尔于 2017 年 9 月通过了一项新的经济和社会发展计划（PDES），世界银行用该计划编制了与尼日尔的 2018~2022 年国家伙伴关系框架（CPF）。世界银行的尼日尔战略建立在三大支柱之上，即提高农村生产力和收入，发展人力资本和社会保护，加强治理。其目标是通过解决增长和减贫的障碍来加速尼日尔的经济和社会发展。世界银行的战略还将通过利用国际开发协会（IDA）预防和复原力分配（PRA）来帮助尼日尔应对现有危机并缓解日益加剧的紧张局势，从而应对脆弱性、冲突和暴力（FCV）风险	经济和社会发展计划为中期经济政策奠定了基础，这将有可能在强劲的包容和可持续增长的支持下激发平衡发展的动力。在这方面，它将依赖各种潜力和国家的自然资源，而自然资源的开发是增长的主要杠杆，特别是要更好地利用重要的矿产资源（铀、煤、金、石膏、铁和磷酸盐、锡）和石油的开采
7	喀麦隆（中非）	喀麦隆 2035 年愿景旨在建立一个享有和平与安全的统一国家，民主，分散管理，繁荣，以及普遍获得优质社会服务。其发展规划议程是在 2003 年由减贫战略文件确定的。减贫战略的优先事项包括：宏观经济稳定；经济多元化；振兴私营部门提供社会服务的能力；发展基础设施和自然资源，同时保护环境；在贸易、金融、运输、林业、教育和旅游方面，与邻国建立更密切的联系；加强人力资源和社会服务，将弱势群体纳入经济；促进善治	• 长期计划： 喀麦隆 2035 年愿景旨在使喀麦隆成为一个多元化的民主新兴国家。具体而言，愿景构成了以下参考框架：将贫困减少到社会可接受的水平；达到中等收入国家水平；成为新兴工业化国家；巩固民主进程，加强民族团结 • 当前的中期计划： 世界银行在喀麦隆的战略由一个为期五年的国家伙伴关系框架决定。最新的国家伙伴关系框架涵盖 2017~2021 年，与政府的国家发展战略目标保持一致，包括 12 个目标，分为三个领域：消除农村地区的贫困，特别是在北部地区；加强基础设施和发展私营部门；改善治理

续表

序号	国家（地区）	减贫目标	主要减贫长期战略和当前计划
8	莱索托（南非）	莱索托目前的框架仍然体现在其 2020 年国家愿景中，该愿景旨在让莱索托成为一个稳定的民主国家，一个与自身和邻国和平相处的团结繁荣的国家，拥有健康发达的人力资源基础、雄厚的经济实力、良好的管理环境和成熟的技术基础	国家战略发展计划 Ⅱ（2019～2023 年）仍然关注私营部门的增长，以提供就业机会，促进产品多样化并实现包容性经济增长。莱索托政府已确定四个生产部门（农业、制造业、旅游和创意产业，以及技术和创新）作为在私营部门领导的新增长道路下创造就业和实现包容性经济增长的潜在部门
9	津巴布韦（南非）	国家发展战略 1（2020～2025 年）（NDS1）的总体目标是在到 2030 年迈向上中等收入社会的过程中，确保高速、包容和可持续的经济增长，以及社会经济转型和发展。因此，NDS1 将同时解决过渡稳定计划（2018～2020 年）期间遇到的挑战，将特别强调宏观经济稳定领域尚未完成和正在进行的努力	NDS1 旨在提高粮食自给率并保持津巴布韦的区域"面包篮子"的地位。其主要目标是将粮食自给率从 2020 年的 45% 提高到 100%，到 2025 年将粮食不安全从 2020 年的峰值（59%）降至 10% 以下
10	马拉维（南非）	马拉维增长和发展战略 Ⅲ（MGDS Ⅲ）的目标是通过可持续的农业和经济增长，以及能源、工业和基础设施发展，同时应对水、气候变化、环境管理和人口挑战，使马拉维成为一个具有较强生产力、竞争力和复原力的国家	MGDS Ⅲ 旨在通过强调具有乘数影响的发展领域，为可持续和包容性发展创造一个平台；基于与环境、社会和经济三大可持续发展支柱的联系及影响，确定了五个关键优先领域：农业、水资源开发和气候变化管理；教育和技能发展；能源、工业和旅游发展；交通和信息通信技术基础设施；健康和人口。这些关键优先领域的有效实施将转化为综合影响，通过积极加强多个循环来影响其他部门
11	坦桑尼亚（东非）	坦桑尼亚五年发展计划（FYDP Ⅲ）的主题是实现人类发展的竞争力和工业化。FYDP Ⅲ 通过实施不同的计划来增强公民的权能，包括确保向妇女、	FYDP Ⅲ 侧重于作为减贫战略的经济赋权和社会保护计划。坦桑尼亚政府认为，只有通过促进工业化，才能实现减贫，其中包括创造就业机会

序号	国家（地区）	减贫目标	主要减贫长期战略和当前计划
11	坦桑尼亚（东非）	青年和残疾人提供信贷；坦桑尼亚农业发展银行（TADB）和 TIB 开发银行等发展融资机构将促进对农业、制造业和贸易的投资。此外，FYDP Ⅲ 旨在通过开展不同的活动，例如加强对贫困家庭和家庭的支持，以及改善社会保护和福利服务，以加强社会保护，并继续实施社会部门改善计划	
12	埃塞俄比亚（东非）	埃塞俄比亚的增长和转型计划 Ⅱ（GTP Ⅱ）旨在刺激经济结构转型并保持加速增长，以实现到 2025 年成为中低收入国家的国家愿景。GTP Ⅱ 侧重于确保快速、可持续和广泛的、以提高生产力为基础的增长，提高农业和制造业部门等的生产质量，刺激经济内部的竞争	GTP Ⅱ 制定了以下目标： （1）在稳定的宏观经济环境下，实现 11% 的年均实际 GDP 增长，从而有助于实现埃塞俄比亚到 2025 年成为中低收入国家的愿景；同时采取综合措施，缩小储蓄投资差距，弥补不断扩大的贸易逆差； （2）发展国内工程和制造能力，提高国内生产部门（农业和制造业）的生产力、质量和竞争力，加快结构转型； （3）进一步巩固持续开展的公众动员和组织参与，确保公众成为发展成果的拥有者和受益者； （4）通过加强稳定的民主发展，深化政治和经济发展
13	厄立特里亚（东非）	自独立以来，减贫和经济增长一直是厄立特里亚政府的核心目标。长期目标是实现快速和广泛共享的经济增长，同时保持宏观经济稳定，以及稳定、可持续地减少贫困。厄立特里亚发展战略的基石是对其人力资源、技术和经济基础设施进行投资，以提高厄立特里亚具有比较优势的部门的生产力、贸易和投资竞争力	为促进经济增长和发展而追求的中期目标包括：发展出口；提高农业生产力；吸引主要在渔业、旅游、建筑、制造和区域贸易领域的高潜力增长中心投资；发展强大的金融部门；扩大和实现现代化的国家基础设施

续表

序号	国家（地区）	减贫目标	主要减贫长期战略和当前计划
14	南苏丹（东非）	国家发展战略（2018～2021年）的目标是服务基本，巩固和平，稳定经济，造福人民	通过与多个利益相关者的协商，在三个关键方面出现变化。首先，人们应该对开展业务（日常活动）感到安全，包括行动自由。其次，人们应该能够享受稳定的价格，尤其是食品、货币（外汇汇率）和劳动力（工资）。最后，获得基本服务的机会，广义上包括健康、教育和法治，以及使公民能够开展业务的其他服务
15	苏丹（北非）	国家二十五年战略规划针对所有苏丹人，使其能够寻求体面和自由的生活以及完全的正义，最终加强社会和平，实现和平共处，在领土、人员和资源方面的国家安全也将得到保护，并使国家处于领先地位	总体而言，国家二十五年战略规划的总体目标是在公正、平等、生活条件改善的基础上平衡发展，为所有人提供体面的生活并保护他们免受贫困和剥夺。该战略规划提到，在前十五年将贫困人口减少至少50%。而其中的第一个五年计划（2007～2011年）的主要任务之一是减少贫困并确保城乡之间的公平和平衡发展
16	智利（拉丁美洲）	智利政府遵循《联合国2030年议程》制定的减贫指导方针	2014～2018年，社会政策得到加强，对弱势群体的关注得到加强，部门和跨部门计划和举措相关资金增加，以减少各个层面的贫困 为了解决收入贫困问题，创建了家庭社会登记处，为各种社会计划选择用户，并创建了公共现金转移计划以补充家庭收入。 为了解决多维贫困问题，针对老年人和残疾人的国家支持和护理子系统（SNAC）已被设计为跨部门社会保护系统的一部分。此外，儿童综合保护子系统"Chile Crece Contigo"的覆盖范围已逐步延伸至四年级（共9年），权利方法正被纳入安全和机会子系统
17	巴西（拉丁美洲）	设计和实施一套跨部门政策和计划，允许整合不同领域，包括金融、食品、技术、能力建设、土地和生产治理、教育和健康。这些公共政策对改善粮食安全、生产、贫困状况、生活质量和家庭财务自主权产生了积极影响	自2018年以来，博索纳罗总统的政府计划提案并未提及减贫的具体目标或战略，而是对每个部门应涉及的准则的描述

序号	国家（地区）	减贫目标	主要减贫长期战略和当前计划
18	哥伦比亚（拉丁美洲）	国家战略的总体目标是解决所有层面的贫困问题，恢复机构协调和监督减贫战略的空间，增加减贫计划的影响	多年投资计划中规定 50% 的资源用于国家发展计划（2018～2022 年）的公平契约，目标是使 250 万人摆脱多维贫困（多维贫困率从 17% 降至 2022 年的 11.9%）；以"不让任何人掉队"为目标，预计带动 290 万人摆脱货币贫困，150 万人摆脱极端货币贫困；在接下来的四年里，"青年行动计划"这一支持处于贫困和脆弱状态的年轻人的计划的覆盖面预计将增加四倍以上，从 12.3 万个名额增加到 50 万个名额
19	印度（南亚）	印度制定了一项双管齐下的战略来消除贫困，这是印度国家发展议程的核心。保持 8% 的年均 GDP 实际增长率是为劳动力市场的新进入者以及在农业或其他部门面临裁员的人创造有报酬工作的战略的关键要素。此外，有针对性的项目旨在直击贫困的各个方面，帮助贫困人口摆脱贫困	近年来，印度在消除贫困方面取得了一些进展：印度国家转型研究所成立工作组 Aayog；更新社会经济种姓人口普查（SECC）；建立社会登记处；构建 NITIAayog 的多维贫困指数；设定共享繁荣目标：跟踪底层 30%～40% 人口的进度
20	巴基斯坦（南亚）	2019 年新冠肺炎疫情暴发后，巴基斯坦政府启动了"Ehsaas Kafaalat 计划"，作为巴基斯坦减贫的国家战略，通过对抗精英俘房和利用 21 世纪的工具和方法来创建福利国家，例如使用数据和技术来创建精确的安全网，促进金融包容性和数字服务的获取，支持赋予妇女经济权力，专注于人力资本的形成，克服获得健康和教育的资金障碍，解决各种形式的营养不良，并采用多部门和多利益相关方的方法来大规模制定解决方案	Ehsaas Kafaalat 计划的目标包括：解决精英俘获问题并使政府系统为机会均等而努力；为边缘化和弱势群体提供有效和全面的安全网；为穷人创造生计和就业机会；投资于人，以形成人力资本提振滞后区域

续表

序号	国家（地区）	减贫目标	主要减贫长期战略和当前计划
21	孟加拉国（南亚）	孟加拉国处于 2010～2021 年和 2021～2041 年两个远景计划（长期计划）之间的过渡期；2021 年愿景和 2010～2021 年远景计划为孟加拉国设定了到 2021 年底的坚实发展目标。2021 年愿景制定了一个发展情景，即公民将拥有更高的生活水平，将接受更好的教育，将面临更好的社会正义，将拥有更公平的社会经济环境，并且将通过更好地防止气候变化和自然灾害来确保发展的可持续性；2041 年愿景包含两个主要愿景。一是到 2041 年，孟加拉国将成为发达国家，人均收入将超过 12500 美元，并完全与数字世界保持同步；二是在 Sonar Bangla 地区消除贫困	孟加拉国"七五"计划的核心主题是"加速增长，为民赋能"，高度重视在经济中创造更多就业机会，在确保收入分配公平的同时，加快 GDP 增长（至 8%），显著改善收入不平等，加快减贫步伐并为公民赋权
22	尼泊尔（南亚）	尼泊尔的 2076 年（公元 2019 年）扶贫政策旨在创建一个无贫困和平等的社会，减少经济不平等，到尼历 2100 年将生活在贫困线以下的人数减为零	2076 年扶贫政策的目标是减少经济不平等；到尼历 2087 年将贫困线以下的人口减少 5%，到尼历 2100 年降至零；通过利益相关者、中央及地方各级政府以及私营部门、合作部门和非政府组织之间的合作与协调，实现全国脱贫攻坚目标
23	缅甸（东南亚）	2011 年制定了国家扶贫和农村发展战略（NSP-ARD），重点关注八个领域：农业生产部门，畜牧业和渔业部门，农村生产力和家庭手工业，小额储蓄和信贷企业，农村合作任务，农村社会经济，农村可再生能源与环境保护；2017 年，缅甸政府启动了缅甸可持续发展计划（MSDP），并于 2020 年进	农业、畜牧业和灌溉部（MOALI）在亚洲开发银行、联合国粮农组织和 LIFT 基金的帮助下，于 2018 年启动了缅甸农业发展战略（ADS），以实施农业政策，指导缅甸农业部门在未来 5 年（2018～2023 年）是政府的重点战略之一

序号	国家（地区）	减贫目标	主要减贫长期战略和当前计划
23	缅甸（东南亚）	行了修改和更新。MSDP旨在提供一个整体政府发展框架，使现有战略文件保持一致，确保它们以符合宏观国家发展重点的方式执行。MSDP是对现有计划和优先事项的整合和提炼	
24	印度尼西亚（东南亚）	国家长期发展计划（2005～2025年）（RPJPN 2005－2025）是一项涵盖20年的发展计划，旨在实现1945年宪法序言中规定的发展目标。这一长期计划涉及进行机构重组	在实施国家长期发展计划（2005～2025年）期间，经济发展旨在实现以下主要目标： ＊建立以农业经济（广义）和采矿业为基础，以高效和现代方式生产产品的经济结构，其中制造业具有全球竞争力，成为推动经济发展的发动机，服务业成为经济的黏合剂； ＊2025年人均收入应达到约6000美元，公平水平相对较好，贫困人口不应超过总人口的5%； ＊达到食品自给自足并保持在安全水平，应包含足够的营养质量，并提供给每个家庭
25	菲律宾（东南亚）	AmBisyon Natin 2040反映了菲律宾人民在未来25年对自己和国家的集体长期愿景和愿望。到2040年，菲律宾人将享受舒适和安全的生活	从政府的"10项社会经济发展议程"中产生的菲律宾发展计划（2017～2022年）（PDP 2017－2022）是第一个以Ambisyon Natin 2040为基础的中期计划，旨在为到2040年实现这一愿景的包容性增长、高度信任的社会和具有全球竞争力的经济奠定更坚实的基础； 根据计划，目标是到2022年将贫困发生率从2015年的21.6%降低到14.0%。具体而言，将重点关注农业贫困和贫困发生率高和不平等的落后地区。个人和社区也将通过减少风险暴露、减轻风险影响，以及在风险发生时加速恢复来提高其抵御能力。此外，随着国家着眼于走向知识经济以加速未来的增长，将鼓励创新

附录 3　世界部分国家的减贫政策和理论之巴西（英文）

Policies and Theories of Poverty Reduction in Selected Countries: Brazil

1. The definition and standards of poverty in Brazil

The condition of persons, families or households in a situation of vulnerability because they do not have access to income, consumption or a basket of goods and services considered essential for the sustenance. Poverty is a multi-dimensional phenomenon, and can be measured with an approach that gives account of several dimensions of access restriction. At the same time, the more recurrent approach uses monetary values, i. e. income or consumption (monetary poverty) (IBGE, 2019).

The poverty and extreme poverty are measured with the line based on income or consumption, by the US$ 5. 5 and US$ 1. 90 purchasing power parity (PPP) line like an upper middle-income economy (IBGE, 2019a).

The target people of poverty reduction strategy are broad. The social policies can be classified in the following groups: (1) social protection, (2) social assistance, (3) health, (4) education, (5) public rights and policies for indigenous peoples, (6) work and income, (7) rural development, (8) racial equality, (9) gender equality, and (10) culture. Brazil was a successful case for reducing the poverty and the hunger around the world. According to Sotomayor (2019), a growing economy and stability in prices due to an adequate management of monetary and fiscal policy, as well as the increase in levels of school training positively influenced the reduction of poverty and economic inequality in 2000s. In addition, the redistribution of income, especially in the area with the greatest social vulnerability, and an increase in the minimum wage explain 85% of these positive effects. However, this scenery changed in the last years with the economic and political crises. More details in the recent years and the discussion about changes will be presented in the following section.

2. National poverty reduction strategy/plan

Some BRICS countries (Brazil, India, China and South Africa) have implemented public policies to reduce poverty, inequities and strengthen human development. For the case of Brazil, these are allowed to reduce inequalities in income by increasing the income distribution of the poorest 10% population, only reduced by corresponding to less than 1% of the total income of the country, and by the decrease from the proportion of the richest, from 48. 44% in 1993 to 41. 89% in 2010. However, there is no reduction in inequality in wealth (Maiorano and Manor, 2017). More recently, the Sustainable Development Objectives (ODS) were adopted by the Development Bank of Brazil (Banco de Desenvolvimento do Brasil-BNDES), a federal public company, offering better financial conditions and supporting non-repayable credit in 2015, as well as the Bank Regional Development of the Extreme South (BRDE) and the Development Bank of Minas Gerais (BDMG) (Orliange, 2020).

The reduction of poverty in Brazil between 1990 and 2013 is attributed to economic growth, derived from trade relations with China, which was more inclusive, with policies focused on increasing income and overcoming conditions of vulnerability and guaranteeing social welfare. Factors such as the strengthening of the formal economy, especially the real increase in the minimum wage compared to the cost of living, basic social security policies, universal health coverage and conditional cash transfer programmes were fundamental (Carrera Troyano and Domínguez Martín, 2017). The Bolsa Familia Programme has contributed to the reduction of poverty and inequality, and its influence was enhanced between 1990 and 2014 by growth and improved access to labour markets, more recently threatened by the economic and political crisis (Barrientos, 2018). According to Martins and Palacio (2020), in 2000s, infrastructure investment did not contribute to poverty reduction. On the other hand, the services sector was more representative than the agriculture sector, with public administration being the leading sub-sector. Moreover, state and municipal level investment in human capital had more expressive results than federal conditional cash transfer programmes (Tabosa, Castelar and Irffi, 2017). According to Araujo, Marinho and Campêlo (2017), during 1995-2009, policies aimed at reducing inequalities were more effective in combating poverty than those concerned with boosting average incomes. Moreover, poverty reduction through income growth was less representative in regions with low levels of development or high levels of initial inequality.

Understanding that nutritional food insecurity is an outcome of monetary poverty, Salles-Costa. et al. (2020) estimated that between 2004 and 2013 there was an increase in food security, especially in the Northeast, and a reduction in severe food insecurity. However, between 2013 and 2018 there was a decrease in food security and an increase in severe food insecurity, due to reduced fiscal spending on public policies. The worsening of food and nutrition insecurity was lower in households with children under 4 and over 65, due to the maintenance of public policies aimed at children and the elderly.

A recent study concludes that, the increase in mild, moderate, and severe food and nutrition insecurity is due to the inability to implement public policies to ensure a minimum income, mitigate the effects of rising unemployment, loss of markets and rising food prices. It is estimated that, in 2020, severe food insecurity (hunger) and mild and moderate food insecurity were 9% and 55.2% respectively. The North and Northeast regions were more affected, as well as households headed by women, black/brown or less educated (Rede Penssan, 2021).

A set of cross-sectoral policies/programmes/plans could be designed and implemented that allowed and some still allow for the integration of different areas: financial, food, technical, capacity building, land and production governance, access to education, and health (Berchin et al. , 2019) (See Table 1).

Table 1　　　　　Policies/Programmes/Plans for reducing poverty

Policies/Programmes/Plans	Financial aid	Food aid	Technical support	Capacity building	Land tenure/food production	Identify, categorize and monitor
National School Feeding Program	Yes	Yes	Yes	Yes	Yes	No
National Program for Strengthening Family Farming	Yes	No	No	No	Yes	No

Continued

Policies/Programmes/Plans	Financial aid	Food aid	Technical support	Capacity building	Land tenure/food production	Identify, categorize and monitor
National Policy on Food and Nutrition	Yes	Yes	Yes	Yes	No	Yes
Zero Hunger Program (extinguished)	Yes	Yes	Yes	Yes	Yes	Yes
Bolsa Familia Program	Yes	No	Yes	Yes	No	Yes
Single Registry for Social Programs of the Federal Government	No	No	No	No	No	Yes
Program for Food Purchase from Family Farming	Yes	Yes	No	No	Yes	No
National Program for Land Credit	Yes	No	No	No	Yes	No
National System on Food and Nutritional Security (extinguished)	No	No	No	No	No	No
National Policy on Family Farming and Rural Family Enterprise	No	No	No	No	No	No
National Policy on Food and Nutritional Security	Yes	Yes	Yes	Yes	Yes	Yes
National Plan on Food and Nutritional Security	Yes	Yes	Yes	Yes	Yes	Yes
Bolsa Verde Program	Yes	No	Yes	Yes	Yes	No
National Plan on Climate Change Adaptation	Yes	No	Yes	Yes	No	No
Professional Qualification Programmes	No	No	Yes	No	No	No
Pronatec	No	No	Yes	No	No	No
Projovem	No	No	Yes	No	No	No
Workers' Assistance Fund	Yes	No	Yes	No	No	No
Income Generation Programme	Yes	No	Yes	Yes	Yes	No
National Programme of Oriented Productive Microcredit (PNMPO)	Yes	No	Yes	Yes	Yes	No

Continued

Policies/Programmes/Plans	Financial aid	Food aid	Technical support	Capacity building	Land tenure/food production	Identify, categorize and monitor
Participation of waste picker organizations in municipal selective collection programmes	Yes	No	Yes	Yes	No	No
Brazilian Support Service for Micro and Small Enterprises	Yes	No	Yes	Yes	Yes	No
Rural Micro-entrepreneur Programme (MEI)	Yes	No	Yes	Yes	Yes	No
Technical Assistance and Rural Extension (ATER)	Yes	No	Yes	Yes	Yes	No
Solidarity Economy	Yes	No	Yes	Yes	Yes	No
Specific electrification programmes, water infrastructure, agro-industrialisation rural tourism and housing	Yes	No	Yes	Yes	Yes	Yes

Resource：Berchin et al. , 2019; Silva, 2020.

These public policies have positively influenced the improvement of food security, production, poverty reduction, quality of life and financial autonomy of families. However, recently, since 2018, the Government Plan Proposal of the current President Jair Bolsonaro does not mention specific objectives or strategies to reduce poverty. The document is structured in the description of the guidelines that should be addressed in each of the sectors. In public management, for example, it focuses on the generation of value, the financing of specific projects with measurable results and the decentralization of financing. In education sector, it raises the need to control educational content, promote education during the first years of life, and strengthen distance learning. For both, the propose is generate better results with less money. In the agricultural sector, merging ministries, encouraging projects that generate value, focusing on external markets, technological innovation, among others. In the economy, encourage entrepreneurship through public financing, modernize labour legislation, carry out privatisations and concessions, increase efficiency and control of state spending, reform social security and labour, implement a minimum income programme, among others (Bolsonaro, 2018). In addition, this Plan is focused on destroyed the last political agenda and policies (*Dilma Rousseff and Luiz Inácio Lula da Silva*) by an ideological agenda against the communism (party).

Even before raising the presidency, the budget available to support these policies was already heavily compromised. One example was the reduction of the budget for the National Plan on Food and Nutritional Security between 2014 and 2018, which had negative effects on the improvement of poverty and food insecurity indicators between 2004 and 2013, resulting from disruptions in access to food in all regions, and intensified by socio-demographic inequality in Brazil. For this reason, hunger in Brazil has re-emerged as a national concern (Vasconcelos et al., 2019). State spending cuts for other actions were also extended to policies associated with productive inclusion.

Other social policies managed by the Ministry of Citizenship to which the most vulnerable Brazilians can have access are: Continuous Cash Benefit; Brazil in the Field; Drug Prevention and Care; Brazilian School Games; Sports Incentive Law; Anti-doping Policy; Athlete Grant Programme; Family Grant Programme; Cisterns Programme; Happy Child Programme; Food Acquisition Programme; Future Selections Programme (BRASIL, 2021).

3. Poverty reduction theories used/reflected

Different studies have tried to estimate the effect of public policies and some living and organizational conditions on poverty reduction. First, Medeiros and Oliveira (2020) concluded that some conditions were fundamental for poverty reduction, such as access to basic services and households with fewer inhabitants. In addition, some factors like gender, age, skin colour and level of schooling and unemployment worsened the poverty condition. However, there were less poverty on the households having a male head, elder, white skin, higher level of education and being employed. Second, Mesquita et al. (2020) concluded that the pluri-activity in the Northeast region improved household infrastructure in rural areas, including basic sanitation, through higher incomes, economic stability and the capacity. Third, participation in organisations/associations, trust between people and social density, all defined as social capital, have positive effects on income growth, even more than employment conditions, marriage, or skin colour, especially in poorer families (Ribeiro and Araujo, 2018). Fourth, Tabosa, Castelar and Irffi (2017) estimated that policies that seek to reduce inequality in the most vulnerable segments of the population were more effective in reducing poverty (including extreme poverty) than economic growth policies, which only had the effect of raising average income levels.

Focusing specifically on poverty reduction strategies, three studies point to interesting results. The first study by Ramezanali and Assadi (2018) found that microcredit was a promising and adequate tool to lower extreme poverty levels, being dependent on the country's economy and politics. However, when they serve less educated populations, they need to be accompanied by training in entrepreneurship skills. The second study on policies associated with market-assisted land reform (MALR), such as Brazil's Programa Nacional de CréditoFundiário (the National Program of Land Credit or the Land Credit) in the Northeast region, allows access to land. This can improve families' living conditions in the long term, but it is also conditional on economic and social factors such as access to markets to commercialise products, formal employment, and lack of inter-sectoral policies. The author of the study concluded that there was no clear evidence that it had a direct effect on increasing household monetary income or reducing poverty rates (Fitz, 2018). The third study evaluated foreign investment projects with Clean Development Mechanism (CDM) interests. It concluded that they have a positive impact on poverty reduction, especially in the sectors of methane capture, hydropower projects and biomass production. These projects in the primary and secondary sectors offered jobs for people with low to medium levels of education (Grover and Rao, 2020). The fourth study found that higher education policies in Brazil did not effectively guarantee poverty reduction. The authors estimate that it would take more than five decades to overcome generational poverty, and that only by making higher education universally available and doubling the wage, inequality could fall 85% of what was observed in 2010 (Medeiros et al., 2020).

Extreme poverty has been on an upward trend from 2012 to 2018 in all regions, but between 2018 and 2019 it remained stable. In addition, poverty increased between 2014 and 2019 in all regions of the country, with the exception of the Central-West region. The incidence of poverty and extreme poverty is higher in female-headed households, black/brown race and younger age. An analysis of public policies for poverty reduction shows that, during the two presidential terms of Luis IgnacioLula da Silva (2003-2011) and the first of Dilma Rousseff (2011-2015), there was an increase and strengthening of the main social programmes such as Bolsa Familia (assistance for needy families) and Fome Zero (hunger eradication). However, during Dilma Rousseff's second term in office (2015-2016), after the impeachment and with the rise to power of Michel Temer (2016-2018) there was a very representative or total reduction of the budget for the following socio-economic programmes: Distribution of food to traditional and specific population groups (food basket); Ecological grant program; Support for the sustainable development of quilombola communities, indigenous peoples and traditional groups and communities; Technical Assistance and Rural Extension (ATER); Technical Assistance and Rural Extension for settled and extractive families (ATES); Productive inclusion of women; Food Acquisition Program (PAA); "Water for All" Program (Cisterns); International Humanitarian Cooperation (Vasconcelos et al., 2019). However, the fiscal austerity measures implemented by former President Michel Temer, and the substantial reduction of spending on social welfare programmes over the next 20 years are having a direct negative effect on the Bolsa Família Program (BFP) and the National Primary Health Care Strategy (EstratégiaSaúde da Família, ESF). According to the study by Rasella et al. (2018), this austerity measure will cumulatively impact up to 20,000 child deaths during 2017-2030, but if the social protection scenario is maintained, the mortality rate could be reduced by 8.6%.

4. Government management agencies and instrumental tools on poverty reduction

There are different ways of managing policies, programmes and plans. Therefore, the management forms of some will be presented below (See Table 2) to show the heterogeneity in the organisation. However, it should be noted that the last two policies – National System on Food and Nutritional Security, zero Hunger Programme – have been extinguished.

Table 2　　　　　　　　**Instrumental tools for poverty reduction**

Policy/Program/Plan	Aims	Results
National School Feeding Program	To contribute to the growth and biopsychosocial development, learning, and the formation of healthy eating habits of students, through food and nutrition education and the provision of meals to cover their nutritional needs during the school period	Served 41.5 million students, with an investment of 2.35 billion USD in 2015 – in 2009 it was established that at least 30% of funds must be used to purchase food from family farms
National Program for Strengthening Family Farming	To finance individual or collective projects, which generates income for family farmers and land reform settlers	7.35 billion USD invested in 2015
National Policy on Food and Nutrition	To respect, protect, promote and provide human rights through health and food	Although there is few data about the results of the policy, it acts through the Unified System of Public Health, with other policies
Zero Hunger Program	To guarantee that all people have daily access to food in sufficient quantity and quality to meet their basic nutritional needs	Between 2001 and 2014, poverty rate fell from 24.3% of the population to 7.3% while extreme poverty rate felt from 14% to 2.8%
Bolsa Familia Program	To combat poverty and inequality in Brazil	24% of the Brazilian population (42 million people) is benefited by the program, with an investment of 701 million USD in 2015
Single Registry for Social Programs of the Federal Government	To identify, categorize and provide knowledge about low income families in Brazil	27 million families registered in 2015 – nearly 81 million people- under more than 20 programs
Program for Food Purchase from Family farming	To encourage family farming, including the distribution of agricultural products to food insecure people, and supporting the creation of strategic stocks	In 2015, it involved 78,000 farmers and 10,000 entities, through 13 million appointments and 142.96 million USD

Continued

Policy/Program/Plan	Aims	Results
National Program for Land Credit	To promote development and combat rural poverty	Since 2003, more than 100,000 families were benefited by the program
National System on Food and Nutritional Security	To guarantee Brazilians the right to adequate nutrition	Defined definitions, principles, guidelines and goals towards food and nutrition security governance
National Policy on Family Farming and Rural Family Enterprises	To establish the concepts, principles and tools for the formulation of public policies focused on Family Farming and Rural Family Enterprises, which are grounded in sustainability, equity and inclusion	Definitions, principles, guidelines and goals towards family farming
National Policy on Food and Nutritional Security	To promote food and nutrition security, and ensure the human right to adequate food nationwide	—
National Plan on Food and Nutritional Security	To promote food and nutrition security, and ensure the human right to adequate food nationwide	101.81 billion USD allocated to the plan since 2012
Bolsa Verde Program	To encourage the conservation of ecosystems, and raise the income of populations living in extreme poverty	18,500 Families benefited by the program, with 26.67 million USD in 2015
National Plan on Climate Change Adaptation	To increase national resilience to climate change, reduce the risks associated with it, including food security	—
Professional Qualification Programmes	Support for the supply and technical and professional training	—
Workers' Assistance Fund	Supply and demand support and Intermediation services	—
National Programme of Oriented Productive Microcredit(PNMPO)	Microcredit	—

Continued

Policy/Program/Plan	Aims	Results
Participation of waste picker organizations	Institutional markets	—
Rural Micro-entrepreneur Programme (MEI) Technical Assitonce and Rural Extension (ATER)	Support for autonomous work (individual and collective) and Institutional markets	—
Other Programmes	Rural infrastructure	—

Resource: Berchin et al. , 2019; Silva, 2020.

附录4 世界部分国家的减贫政策和理论之印度 (英文)

Policies and Theories of Poverty Reduction in Selected Countries: India

1. The definition and standards of poverty in India

In India, the definition of poverty is not in terms of annual income, but in terms of consumption or spending per individual over a certain period for a basket of essential goods, so that poverty can be defined as a condition in which an individual or a household lacks the financial resources to meet the basic minimum standard of living.

So far, there are six official committees that have estimated the number of people living in poverty in India—the working group of 1962; V N Dandekar and N Rath in 1971; Y KAlagh in 1979; D T Lakdawala in 1993; Suresh Tendulkar in 2009; and C Rangarajan in 2014.

Rangrajan Committee (2014) reverted to the practice of having separate all-India rural and urban poverty line baskets and deriving state-level rural and urban estimates from them. It recommended separate consumption baskets for rural and urban areas, which include food items to ensure recommended calorie, protein and fat intake, and non-food items like clothing, education, health, housing and transport. This committee raised the daily per capita expenditure to Rs 47 (0.63 USD) for urban and Rs 32 (0.43 USD) for rural from Rs 32 (0.43 USD) and Rs 26 (0.35) respectively at 2011-12 prices. Monthly per capita consumption expenditure of Rs 972 (13.11 USD) in rural areas and Rs 1407 (18.98 USD) in urban areas is recommended as the poverty line at the all India level. [1]

India target both urban and rural people to reduce poverty. They are

---

[1] Ministry of Rural Development, *Poverty Measurement in India: A Status Update*, 2020.

Agricultural wage earners, small and marginal farmers and casual workers engaged in non-agricultural activities, which constitute the bulk of the rural poor and those in urban area, as well as migrant workers living in slums.

2. National poverty reduction strategy/plan

In India, planning and development strategy have been closely interlinked since India's Independence, even before its Independence. At the time of Independence, the consensus was that the state should play a major role in enabling the country to achieve economic growth and prosperity for its population. This led to the establishment of the Planning Commission chaired by the Prime Minister, and the evolution of a planning strategy through successive Five-year Plans from 1951 to date. The Plans of today are different from those in early days, but seventy five years of planning experience has given rise to a specifically Government of India development approach and its style of working.

Till the early 1990s, the goals of the Indian development strategy, and the principal objectives of the plans included growth of national income through rapid industrialization, and related to this, increased employment, reduction of income inequalities, and as a means to achieve these goals, sustained high agricultural growth. The industrialization strategy envisaged import substitution and emphasized the development of heavy industry, the need for the public sector to take a central and direct role in the industrialisation process, and self-reliance. The other part of the strategy (better known as the Nehru-Mahalonobis strategy) was the growth of the employment intensive and light consumer industry in the private sector. The latter fitted well with the idea of Gandhians which emphasis on cottage industry, and led to measures to encourage and protect the small and cottage industry sector. The other goals of Planning included balanced regional development, and the control of the concentration of economic power.

The balance of payment crisis in 1991 was an accelerator to speed up the process of economic reforms and liberalisation. Moving away from the existing control of the private sector, especially the "Licence Raj" system had begun in the 1980s, but it was not till after 1991 that liberalisation fully became part of the Indian policy agenda. In the light of previous development trends in the country, the post-1991 reforms have gone quite far. But compared to many other economies, India was still far from being a market-driven liberal economy. Many of the earlier developmental goals, especially the emphasis on rapid economic growth and poverty reduction, are reiterated even today, and still the guiding principles of the plan. However, the means to achieve these goals have changed due to the reform process under way.

There are various causes of poverty such as illiteracy, unemployment, lack of infrastructure facilities and low standard of living, etc. The alleviation of poverty has been a major objective of planned development in India, especially since the 6th Plan (1980-1985). Poverty can effectively be eradicated, only when the poor start contributing to the growth by their active involvement in the growth process. Implementation of the programmes should be increasingly based on approaches and methods which involve the poor themselves in the process of poverty eradication and economic growth. This is possible through a process of social mobilization, encouraging participatory approaches and institutions, and empowerment of the poor.

A Large number of such poverty eradicating programmes have been in operation in India, some on a continuous basis, others from time to time. Anti-poverty Programmes have aimed to help the poor raise their incomes through provision of gainful employment. They have broadly two kinds: (1) Assisting the poor to acquire assets and/or start business enterprise to create self-employment; (2) Providing wage employment mostly in public sectors to supplement incomes of the poor. There is a urgent need in the country to remove the poverty. So that the people of the country can meet their minimum needs and contribute in increasing the productivity in all the sectors of the economy, thus resulting in overall economic development.

Care must be taken to remove the specific problems of a particular state or region. Only bringing a person out of poverty without providing him/her basic needs is not sufficient. Emphasis should be not only on increasing the income, but also providing sufficient caloric intake, regular and permanent employment source, better health facilities and development of overall social infrastructure. To reduce poverty, creating jobs is an essential step.

Eradication of poverty remains a major challenge of planned economic development. Experiences of different states with economic growth and poverty reduction have been so varied that it is difficult to offer any general policy solutions. There are states that followed the path of high agricultural growth and succeeded in reducing poverty (Punjab and Haryana); states that focused on human resource development and reduced poverty (Kerala); states that implemented land reforms with vigour, empowered the panchayats, mobilised the poor and implemented poverty-alleviation programmes effectively (West Bengal); and states that brought about reduction in poverty by direct public intervention in the form of public distribution of food (Andhra Pradesh).

Poverty had declined substantially in 1980s. However, recent estimates suggest that projections on the reduction of proportion and the number of people below poverty line in the Ninth Plan have not been realised in the first two years of the plan period.

Given the enormity and complexity of the task, the 9th Five-year Plan envisaged a multi-pronged approach. Besides recognising the role of high economic growth in tackling poverty, the strategy comprised the creation of entitlements (through self-employment and wage-employment schemes, food security and social security), and building up of capabilities (through basic minimum services like education, health and housing). The issues of governance also engaged the attention, which envisaged greater participation of the Panchayati Raj Institutions as the most effective delivery mechanism for poverty reduction

Eleven Five-year Plans were launched to eradicate poverty in India. These Five-year Plans started in the year of 1951. 1st Five-year Plan (1951-1956): The plan focused mainly on agriculture and irrigation, and achieving an all-round balanced development. 2nd Five-year Plan (1956-1961): It focused on the growth of basic and heavy industries, the expansion in employment opportunities, and an increase of 25 per cent in the national income. 3rd Five-year Plan (1961-1966): The India-China conflict (1962), Indo-Pak war (1965), and the severest drought led to the complete failure of the third Five-year Plan. It was replaced by three annual plans that continued from 1966 to 1969. 4th Five-year Plan (1966-1974): It aimed at increasing national income by 5.5 per cent, creating economic stability, reducing inequalities in income distribution, and achieving social justice with equality. 5th Five-year Plan (1974-1979): This plan mainly focused on the removal of poverty (Garibi Hatao) and bringing a larger part of the poor out of poverty. It also assured a minimum monthly income of Rs 40 per person calculated at 1972-73 prices. The plan was terminated in 1978 instead of (1979) when the Janata Government came to power. 6th Five-year Plan (1980-1985): Removal of poverty was the main objective of the 6th Five-year Plan with a major focus on economic growth, elimination of unemployment, self-sufficiency in technology, and raising the lifestyles of the weaker sections of the society. 7th Five-year Plan (1985-90): It aimed at improving the living standards of the poor with a significant reduction in the incidence of poverty. 8th Five-year Plan (1992-97): This plan aimed at creating jobs, but later failed in achieving most of its targets. 9th Five-year Plan (1997-2002): It focused on the areas of agriculture, employment, poverty, and infrastructure. 10th Five-year Plan (2002-2007): In aimed at the reduction of the poverty ratio from 26 per cent to 21 per cent by the year 2007, and also to help the children in completing five years of schooling by 2007. 11th Five-year Plan (2007-2012): It targeted towards reducing poverty by 10 percentage points, creating 7 crore new employment opportunities, and ensuring electricity connection in all villages.

The last official estimate of Poverty in 2011-12 was released by Planning Commission at 21.92%, which was estimated using Tendulkar Committee approach. After that, no estimates have been officially released. SDG 2019 Report by NitiAyog also mentioned Tendulkar Poverty Line of 21.92% which was adopted in 2011 as the official poverty line. It is interesting to know that Global MPI Reports 2019 and 2020 show that India's poverty line for 2011-12 as 21.2% (for the year 2011-12), based on World Bank's 1.90$ poverty line for extreme poverty, is quite close to Tendulkar Committee based Poverty line.

3. Poverty reduction theories reflected

Combating Poverty

An integral part of a well-rounded and holistic anti-poverty strategy must be sustained rapid growth. Conceptually, sustained rapid growth works through two channels to rapidly reduce poverty. First, it creates well-paid jobs and raises real wages. Both factors raise incomes of poor households, thereby directly reducing poverty. Increased incomes help in another way: households are able to purchase and access education and health services. Or, at very low levels of incomes, households are unable to access even services that are freely available from the government, because they lack financial resources to travel to the point of delivery of those services-travel costs to even the nearest public health centre may be prohibitive. Second, rapid growth leads to growth in government revenues. In turn, enhanced revenues allow the expansion of social expenditures at faster pace. The universal rural employment guarantee scheme and near-universal public distribution system (PDS) could offer cereals at highly subsidized prices.

The Central Role of Agricultural Growth in Poverty Reduction

Any strategy for poverty reduction must address issues faced by rural people in India, which accounts for 68.8 per cent of the population or 833 million individuals as per Census 2011. As per the poverty estimates of 2011-12, about 80% of India's poor living in 15 rural areas, and most of their livelihood is dependent directly or indirectly on agriculture. The rural farm and non-farm incomes are interdependent such that a strong non-farm rural economy requires a vibrant agricultural economy.

Excess manpower coupled with traditional agricultural practices has resulted in low farm yield and income. To break this cycle of poverty in rural areas, a two-pronged strategy is required: it must improve the performance of agriculture, create jobs in the industry and service sectors in both rural and urban areas, modernize the agriculture sector and accelerate its growth, Also it is important for farmers to receive remunerative prices.

Regionally, there is a need for a "second green revolution" in rain-fed areas in general and in eastern India in particular. It must bring modern irrigation technology to these so far under-exploited areas. The high priority accorded to this objective by the present government is a welcome development in this regard.

Indian agriculture disproportionately consists of small and marginal farmers who are particularly vulnerable to crop failure. An important step that would help small and marginal farmers is to reform the tenancy laws.

Finally, diversification into high value crops, such as horticulture, fruits and vegetables, livestock, poultry and fisheries, may offer access to higher income for even small and marginal farmers.

Making Growth of Employment Intensive in Manufacturing and Service sectors

Indian organized sector, which has the greatest potential for creating well-paid jobs, has specialized in either highly capital-intensive manufacturing or highly skilled-labour intensive services. Successful sectors in India include automobiles, two wheelers, auto parts, engineering goods, chemicals, petroleum refining, telecommunications, pharmaceuticals and software Labour-intensive sectors, such as apparel, leather products, food processing, light consumer goods and electronic assembly, in which India has a potential comparative advantage by virtue of its vast workforce nearing 500 million (it have so far not flourished in the organized sector). Nowadays, many of the actions the government has undertaken under its "Make in India" initiative assume special importance.

Combating Poverty: Making Anti-poverty Programs More Effective

India has relied on a two-pronged strategy. In addition to raising incomes of the poor through growth, it has used substantial portions of the enhanced revenues from faster growth to directly help the poor. The effort along this second track has consisted of several programs aimed at addressing specific aspects of poverty (described earlier in the context of measurement of poverty), such as food and nutrition, employment, housing, road connectivity, electricity, water, toilets, literacy and health.

Poverty reduction theories used/reflected

It is found that rural economic growth was more important for poverty reducing, as was growth in the tertiary (mainly services) and primary (mainly agriculture) sectors relative to the secondary (mainly manufacturing and construction) sector. It shows that spillover effects across sectors reinforced the importance of rural economic growth to national poverty reduction. Urban growth and secondary sector growth had adverse distributional effects that mitigated the outcomes to the urban poor, while urban growth brought little or no benefit to the rural poor. The slow progress against poverty reflected both a lack of overall growth and a sectoral pattern of growth that did not favour poor people.

Economic reforms following the macroeconomic crisis of 1991-92 marked a significant change in India's economic landscape, ushering in a new phase of high economic growth. The growth rate of Net Domestic Product (NDP) per capita has been doubled in the period since 1992. There was much hope in India that the higher growth rates attained in the wake of the economic reforms would bring a faster pace of poverty reduction. However, there have also been signs of rising inequality in the post-reform period, raising doubts about how much the poor have shared the gains from higher growth rates (trickle down approach).

After the post reform period in India, the sectoral structure of Net Domestic Product (NDP) growth in the post-1991 period is of interest, as is the role played by population urbanization, including the Kuznets process that has been so influential (in terms of income inequality among the urban population and rural). Inclusive growth theory and strategy were adopted during the 11th Five-year Plan period (2007-2012). Amartya Sen's capability approach also put to work in participatory poverty reduction activities through various social and skill development programmes.

4. Government management agencies and Instrumental tools on poverty reduction

The important government agencies acting for poverty eradication in India include Small Industries Development Bank of India (SIDBI), National Bank of Agriculture and Rural Development (NABARD), Rashtriya Mahila Kosh (RMK). Many zilla parishads have emerged as important players in the promotion of self-help groups. The key Ministries/Departments/Government Bodies in the first phase are Ministry of Culture, Ministry of Health and Family Welfare, Ministry of Social Justice and Empowerment, Ministry of Tribal Affairs, Ministry of Women and Child Development, Department of Higher Education, Department of School Education and Literacy, Council for Advancement of People's Action and Rural Technology (CAPART), National AIDS Control Organisation (NACO), and Central Social

Welfare Board (CSWB).

There is a widely known platform known as NGO Darpan (NGO-PS), which is a platform of interface between Voluntary Organization (VO) /Non Governmental Organization (NGO) and key Ministries/Departments/Government Bodies. Later it is proposed to cover all Central Ministries/Departments/Government Bodies. This is a free facility offered by the NITI Aayog in association with National Informatics Centre to bring about greater partnership between government and voluntary sector, and foster better transparency, efficiency and accountability.

Successful experiments in the promotion of micro finance and micro enterprise have revealed a strong partnership between NGOs and financial institutions. NGOs have an inherent advantage in reaching the poor due to their proximity, the trust they generate by working in the area, their commitment, flexibility in approach, responsiveness and cost effectiveness. They have played a dynamic role as social animators and organizers in rural areas. Many NGOs have not only been instrumental in the formation of self-help groups, but have also nurtured them over the years. Such NGOs have a strong presence in many states. However, voluntary and non-governmental action is weak in some of the poorer states. These are also the states where the spirit of cooperation and collaboration may be lacking because of poverty itself. Training of social animators would have to be promoted in such states. Departments of social sciences, social work, agriculture and rural development in universities and colleges could be engaged as facilitators in the process of group formation, so that every rural habitation has at least one self-help group by the end of 2004. The institutions which promote self-help groups could be provided remuneration at different stages of the evolution of the groups, so that they have an incentive in the formation of cohesive groups and in ensuring their success.

Micro, small and medium enterprises (MSME) and schemes: In India, Central and state governments have considerably enhanced allocations for the provision of education, health, sanitation and other facilities which promote capacity-building and well-being of the poor. Investments in agriculture, area development programmes and afforestation provide avenues for employment and income. Special programmes have been taken up for the welfare of scheduled castes (SCs) and Scheduled Tribes (STs), the disabled and other vulnerable groups. Anti-poverty programmes that seek to transfer assets and skills to people for self-employment, coupled with public works programmes that enable people to cope with transient poverty, are the third strand of the larger anti-poverty strategy. The targeted public distribution system (TPDS) protects the poor from the adverse effects of a rise in prices and ensures food and nutrition security at affordable prices.

Integrated Rural Development Programme/Swarnajayanti Gram Swarozgar Yojana: The Integrated Rural Development Programme (IRDP), introduced in selected blocks in 1978-79 and universalized since 2 October 1980 has provided assistance to rural poor in the form of subsidy and bank credit for productive employment opportunities through successive plan periods. Subsequently, Training of Rural Youth for Self Employment (TRYSEM), Development of Women and Children in Rural Areas (DWCRA), Supply of Improved Tool Kits to Rural Artisans (SITRA) and Ganga Kalyan Yojana (GKY) were introduced as sub-programmes of IRDP to take care of the specific needs of the rural population.

Wage Employment Programmes: Wage employment programmes, an important component of the anti-poverty strategy, have sought to achieve multiple objectives. They not only provide employment opportunities during lean agricultural seasons, but also in times of floods, droughts and other natural calamities. They establish rural infrastructure which supports further economic activity. These programmes also put an upward pressure on market wage rates by attracting people to public works programmes, thereby reducing labour supply and pushing up demand for labour. While public works programmes to provide employment in times of distress have a long history, major thrust to wage employment programmes in the country was provided only after the attainment of self-sufficiency in food grains in the 1970s. The National Rural Employment Programme (NREP) and Rural Landless Employment Guarantee Programmes (RLEGP) were started in the 6th and 7th Five-year Plans (Ministry of Rural Development, Government of India, 2020).

A Jawahar Rozgar Yojana/Jawahar Gram Samridhi Yojana: National Rural

Employment Programme (NREP) and Rural Landless Employment Guarantee Programmes (RLEGP) were merged in April 1989 under the Jawahar Rozgar Yojana (JRY). The JRY was meant to creat meaningful employment opportunities for the unemployed and underemployed in rural areas through the establishment of economic infrastructure and community and social assets (Ministry of Rural Development, Government of India, 2020).

Food for Work Programme: The Food for Work programme was started in 2000-01 as a component of Employment Assurance Schemes. The programme aims at increasing food security through wage employment. Food grains are supplied to states free of cost.

Sampoorna Gramin Rozgar Yojana (SGRY): The basic aim of the scheme continues to be the creation of wage employment, the establishment of durable economic infrastructure in rural areas, and the provision of food and nutrition security to the poor. The amalgamation of the earlier schemes has led to an augmentation of resources for this programme. The works taken up under the programme are labour-intensive, and the workers are paid the minimum wages notified by the states. Payment of wages is done partly in cash and partly in kind – 5 kg of food grains and the balance in cash. The Centre and the states share the cost of the cash component of the scheme in the ratio of 75 : 25.

Rural Housing: Initiated in 1985-86, the IAY is the core programme for providing free housing to BPL families in rural areas, and targets SC/STs households and freed bonded labourers. Later, the Housing and Urban Development Corporation (HUDCO) has extended its activities to the rural areas, providing loans at a concessional rate of interest to economically weaker sections and low-income group households for construction of houses.

Social Security Programmes: Democratic decentralisation and centrally supported Social Assistance Programmes were two major initiatives of the government in the 1990s. The National Social Assistance Programme (NSAP), launched in August 1995, marked a significant step towards fulfillment of the Directive Principles of State Policy. The NSAP is a centrally-sponsored programme that aims at ensuring a minimum national standard of social assistance over and above the assistance that states provide from their own resources. The National Old Age Pension Scheme (NOAPS) provides a monthly pension of Rs 200 (2.69 USD) to destitute BPL persons above the age of 65. The National Family Income Benefits Scheme (NFBS) is a scheme for BPL families who would be given Rs 10,000 in the event of the death of the breadwinner. The National Maternity Benefits Scheme (NMBS) provides Rs. 500 to support nutritional intake for pregnant women.

Land Reforms: In an economy where over 60 per cent of the population is dependent on agriculture, the structure of land ownership is central to the wellbeing of the people. The government has strived to change the ownership pattern of cultivable land, but has had limited success. The Panchayats (Extension of Scheduled Areas) Act (PESA) 1996 extended the provisions of 73rd Constitutional Amendment Act 1992, to the Scheduled Areas in the states of Andhra Pradesh, Chattisgarh, Gujarat, Himachal Pradesh, Jharkhand, Madhya Pradesh, Maharashtra, Orissa and Rajasthan. The PESA enables tribals to assume control over their own destiny, and to preserve and conserve their traditional rights over natural resources, including land. The Forest Rights Act (FRA) 2006 recognizes the rights of the forest dwelling tribal communities and other traditional forest dwellers to forest resources, on which these communities were dependent for a variety of needs, including livelihood, habitation and other socio-cultural needs.

Self-Employment Programmes: The formation of self-help groups by itself contributes to the empowerment and economic well-being of the poor by improving their collective bargaining position. The group formation also emphasizes social capital, and enables the poor to interact with other social groups from a position of strength. The self-help groups experienced through various stages: social mobilisation and formation of groups (initial phase); savings and internal lending among the members of the group on their own, augmented by revolving fund grants from the government and linkages with banks and other credit agencies (second phase); obtaining micro finance (third phase), and setting up micro enterprises (fourth phase). This is a long process that groups need time to mature as cohesive units.

Primary Agriculture Credit Cooperative Societies (PACS) have an extensive network in the country, and possess detailed knowledge of the borrowers. Regional Rural Banks (RRBs) and other credit organisations, presently outside the purview of micro finance activities, could be associated with self-employment programmes. Different government agencies have, in the past, attempted to promote rural non-farm employment. Khadi and Village Industries Commission (KVIC) and District Industries Centres (DICs) were set up to promote non-farm activities.

Wage Employment Programme: The programme would seek to provide productive employment opportunities in employment-intensive sectors. The SGRY would have three streams: the first to address the need for rural infrastructure in all states, the second to provide focused attention to areas facing endemic poverty, while the third would respond to natural calamities. The general stream universalized across states would be for the establishment of local infrastructure. Water tanks, anganwadis, primary school buildings, sanitation facilities, primary health centres, multi-purpose community halls and other projects that are required in the village would be taken up under the universal stream. The second stream would seek to provide an employment guarantee of at least 100 days in areas facing chronic unemployment and poverty. The third stream would be an enabling mechanism for the government to respond to natural calamities such as floods, droughts, earthquakes and other contingencies that require quick response to mitigate the hardships faced by people (NITI Aayog, 2016).

附录 5 世界部分国家的减贫政策和理论之印度尼西亚（英文）

Policies and Theories of Poverty Reduction in Selected Countries: Indonesia

1. The definition and standards of poverty

Definition of poverty in the country

Central Statistics Agency（Budan Pusat Statistik, BPS）determines the poverty rate in Indonesia with the use of the basic needs approach method or the concept of the ability to meet basic needs. Based on the method used by BPS, poverty in Indonesia is seen as an economic inability to meet basic food and non-food needs（BPS, n. d.）. The food poverty line itself is the value of the minimum food expenditure needs or the equivalent of 2100 calories per capita and per day. Then the non-food poverty line is the minimum expenditure value used for housing, clothing, education, health, and various other basic（non-food）needs（BPS, n. d.）.

The latest poverty standards in the country

BPS noted that during September 2019 to March 2020, the poverty line in Indonesia had increased by 3. 20percent, or from IDR 440,538 per capita（per month, in September 2019）to IDR 454,652 per capita（per month, in March 2020）. In March 2020, the Food Poverty Line is at IDR 335,793（73. 86%）, and the Non-Food Poverty Line is at IDR 118,859（26. 14%）（BPS, 2020）, see Table 1.

The targeted people of poverty reduction strategy

According to the Borgen Project（2020）, despite the good performance of the poverty reduction rate in the country, the Indonesian government is primarily targeting the poor population, specifically the rural inhabitants（which has 1. 5 times more poverty incidence）, to lessen the income disparity in the country. In relation to geographic distribution, Eastern Indonesia holds more rural areas of the country, thus more poor population.

Table 1　　　　　　　　　　**Poverty Line（Rupiah），2019 – 2020**

Area	2019		2020	
	Semester 1 (March)	Semester 2 (September)	Semester 1 (March)	Semester 2 (September)
Urban	442062. 00	458380. 00	471822. 00	475477. 00
Rural	404398. 00	418515. 00	433281. 00	437902. 00
Urban + Rural	425250. 00	440538. 00	454652. 00	458947. 00

Another significant group for poverty reduction strategy is the near-poor, or those who are close to the poverty line and at risk of falling back into poverty (The Borgen Project, 2020). One challenge that the Indonesian government faced is the bad targeting of the programs that will benefit the poor and near-poor population; and reaching a program recipient above the 4th decile can be considered as mistargeting (Nugroho et al. , 2021).

2. National poverty reduction strategy/plan

Poverty reduction in history

Indonesia is one of the countries stated in the World Bank publications, "The East Asian Miracle". This is true as Indonesia performed the "miracle" of having high economic growth and reduced income inequality during the 1980s and 1990s, but the country faced significant troubles after the Asian financial crisis in 1997 (Widodo, 2006). Because of this, the challenge of reducing poverty remains one of Indonesia's most pressing issues. Although poverty rates have declined from 23. 4% in 1999 to 11. 25% in 2014, the number of the population living in extremely poor condition remains high at around 28 million. That is a relatively large fraction of the population in severe poverty when compared with neighboring countries. In addition, a further 30% of Indonesians are considered vulnerable to poverty, which means that not only living standards are very low for a large group of people above the poverty line, but a relatively small shock to income and consumption can send those in this group back below the poverty line due to their vulnerability. Various measures indicate a high degree of "churn" in the numbers of families moving into and out of poverty. The high incidence of chronic poor and the number of people that are vulnerable to poverty shocks underlines the important of both good poverty reduction programs and the need for systems of social protection (Modjo, 2017).

It is clear that, since 1960s, oil and gas has become the first rank of contributors to Indonesia's GDP. Therefore, Indonesia is frequently called as an "oil economy" (Modjo, 2017). Indonesia's economy has expanded strongly over recent decades, notwithstanding the sharp economic contraction that occurred during the Asian financial crisis. This strong pace of growth has seen Indonesia become an increasingly important part of the global economy. Over time, the structure of the Indonesian economy has changed considerably. Historically, the economy has been heavily weighted towards the agricultural sector, reflecting both its stage of economic development and government policies in the 1950s and 1960s to promote agricultural self-sufficiency. A gradual process of industrialization and urbanization began in the late 1960s, and accelerated in the 1980s as falling oil prices pushed the Indonesian Government to diversify, and not focus only on oil exports, and towards manufactured exports. Indonesia's recent strong economic growth has also been accompanied by relatively steady inflation. This followed a rapid increase in the price during the Asian crisis driven by the sharp depreciation of the rupiah (Elias and Noone, 2011).

Despite industrializing over the past half century, agriculture remains an important part of the Indonesian economy, accounting for 16 per cent of output in 2009 (a relatively high share compared with other economies in East Asia). In addition, nearly half of Indonesia's population continue to live in rural areas, and in 2008, agricultural industries accounted for more than 40 per cent of employment-similar to that in China and Thailand, but well above that in Malaysia and Korea. In provinces where employment is highly concentrated in the agricultural sector, incomes are considerably lower than in major urban centers such as Jakarta. This partly reflects the low labour productivity of Indonesia's agricultural sector (Elias and Noone, 2011).

Setting of current overall aims related to poverty reduction

Poverty alleviation discussion was largely the domain of technocrats and planners at the Ministry of National Development Planning (Badan Perencanaan Pembangunan

Nasional, Bappenas). These were the officials who were responsible for designing policies and coordinating the implementation of poverty reduction programs. Inputs and discussions were provided by limited numbers of research institutes, universities and donors that were helping Bappenas in developing an anti-poverty strategy (Modjo, 2017).

The Government of Indonesia at national and local levels has developed various anti-poverty and social protection programs. However, the increasing numbers of programs have not always corresponded to better welfare and the protection for the poor. Many policies were not coherently designed, resulting in gaps of coverage, and also in redundancies where one policy may have crowded out another. Furthermore, implementation of poverty programs has become more difficult to coordinate. As the numbers of those in poverty have fallen, the efforts needed to address the remaining poor, which have become more difficult, requiring more complex planning and solutions. The National Team for the Acceleration of Poverty Reduction (TNP2K) was formed in 2010 as a temporary institutional innovation to address these problems. TNP2K aimed to develop policy options to improve the coherence of poverty alleviation and social protection policies. It was also mandated to coordinate and oversee the implementation of various poverty reduction and social protection programs as well as apply more advanced techniques for improving their targeting.

Poverty reduction strategy at different stages

The First RPJMN (2005-2009): The first stage of the long-term development plan focuses on the increased sense of security and peace across the Indonesian archipelago. This stage focuses on increasing justice and law enforcement, with primary focus on strengthening democratic institutions, increasing gender equality, and establishing the rule of law and enforcement of basic human rights.

Increased welfare of the Indonesian people is one of the objectives of this stage. The targets are the followings:

- A decline in the total number of unemployment and poor people, in line with the quality economic growth;

- A reduction in inter-regional gaps, including the improved management of small frontier islands；

  — An increase in the quality of human resources；

  — An improvement in the management of natural resources and quality of the natural environment.

Such condition is achieved by inducing economic growth by creating a more conducive business climate, including the improved infrastructure.

In addition, efforts are increased for mitigating natural disasters, in accordance with the geologic conditions of Indonesia. Efforts for controlling the pollution and the degradation of the environment are supported by the increased awareness of the general public for loving the natural environment and for being aware of areas that are prone to disasters, thereby making the people to become more concerned and anticipative. This is supported by endeavors for institutional development and for increasing the capacity at each government level in the context of overcoming disasters; and by basing on the spatial plan hierarchically of the national, island, provincial, up to the regency/city levels as the coverage of the spatial plan in each sector, in the context of preventing the impact of environmental degradation and for minimizing the impact of natural disasters.

The Second RPJMN (2010-2014): The Second Medium-Term Development Plan is aimed at the greater consolidation of reforming Indonesia in all fields by emphasizing the efforts for enhancing the quality of human resources, including the development of the capability in science and technology, and strengthening the competitiveness of the economy.

The welfare of the people continues to increase as shown by improvements of various indicators on human resources development, such as the increased income per capita, the decline of the poverty rate and unemployment rate in line with the quality economic growth accompanied by the followings:

  — the development of social security institutions；

  — the increased education level of the people that is supported by the well-established implementation of national education；

  — the enhanced gender equality；

– the optimal growth of the welfare and protection of children;

– the controlled growth rate and total number of population;

– the declined gap of welfare among individuals, social groups, and regions;

– the accelerated growth of potential growth centers outside Java; and

– the increasingly consolidated new values that are positive and productive in the context of consolidating the nation's culture and character.

The competitiveness of the nation increased through strengthening the manufacturing industry and agricultural development, increasing the development of marine resources and other natural resources, in accordance with the regional potentials in an integrated manner and the increased development of science and technology.

In the context of attaining the sustainable development, the management of natural resources and the conservation of the functions of the natural environment are continually enhanced. In terms of natural disasters, the consolidated institutions and capacity at all governmental levels for anticipating and overcoming disasters will be done.

The Third RPJMN (2015-2019): The welfare of the people continues to improve to the level equivalent to the welfare of middle-income nations, and is equitably distributed that is induced by the increased quality economic growth accompanied by the realized social security institution. The quality of human resources continues to improve as indicated by the followings:

– increased quality and relevance of education, including those based on local comparative advantages and supported by the efficient and effective education management;

– increased health quality and nutritional condition of people;

– increased gender equality;

– optimal growth of the welfare and protection of children;

– stable growth rate of the population; and

– consolidated culture and character of the nation.

The continuing improvement of the competitiveness of the Indonesian economy is accompanied with the increased integration of the manufacturing industry, agriculture, marine sector and other natural resources in a sustainable manner.

The availability of the infrastructure that is in line with the spatial plan is characterized by the developed transportation network. The realized conservation of water resources that can maintain the sustainability of the functions of water resources, the development of water resources and the adequate supply of drinking water for meeting the basic needs of the people. In addition, development of the rural infrastructure will continually be increased, particularly for supporting agricultural development. Accordingly, the supply of housing that is supplemented by the supporting infrastructure and facilities for the whole population has continually increased due to being supported by the long-term, sustainable, efficient, and accountable housing financing system. Such a condition stimulates the realization of cities without slums.

The Fourth RPJMN (2020-2025): Table 2 and Table 3 show the information from the Long-Term Development Plan 2005-2025 (Ministry of Planning).

Table 2　Poverty magnitude and incidence March 2015 to September 2020

Semester	Number of Poor People (millions)			Percentage of Poor People (%)		
	Urban	Rural	Urban + Rural	Urban	Rural	Urban + Rural
March 2015	10. 65	17. 94	28. 59	8. 29	14. 21	11. 22
September 2015	10. 62	17. 89	28. 51	8. 22	14. 09	11. 13
March 2016	10. 34	17. 67	28. 01	7. 79	14. 11	10. 86
September 2016	10. 49	17. 28	27. 76	7. 73	13. 96	10. 70
March 2017	10. 67	17. 10	27. 77	7. 72	13. 93	10. 64
September 2017	10. 27	16. 31	26. 58	7. 26	13. 47	10. 12
March 2018	10. 14	15. 81	25. 95	7. 02	13. 20	9. 82
September 2018	10. 13	15. 54	25. 67	6. 89	13. 10	9. 66
March 2019	9. 99	15. 15	25. 14	6. 69	12. 85	9. 41
September 2019	9. 86	14. 93	24. 79	6. 56	12. 60	9. 22
March 2020	11. 16	15. 26	26. 42	7. 38	12. 82	9. 78
September 2020	12. 04	15. 51	27. 55	7. 88	13. 20	10. 19

Source: Statistics Indonesia, Data Series.

Table 3   Distribution of expenditure per capita and Gini index, 2015-2019

Area	Year	40% Low Expenditure	40% Medium Expenditure	20% High Expenditure	Gini Index
Urban	2015	15. 83	34. 60	49. 57	0. 43
	2016	15. 91	36. 74	47. 35	0. 41
	2017	16. 04	36. 89	47. 07	0. 41
	2018	16. 47	36. 93	46. 60	0. 40
	2019	16. 93	37. 09	45. 98	0. 40
Rural	2015	20. 42	37. 53	42. 05	0. 33
	2016	20. 40	38. 50	41. 10	0. 33
	2017	20. 36	39. 65	39. 99	0. 32
	2018	20. 15	39. 59	40. 26	0. 32
	2019	20. 59	39. 67	39. 74	0. 32
Urban + Rural	2015	17. 10	34. 65	48. 25	0. 41
	2016	17. 02	36. 09	46. 89	0. 40
	2017	17. 12	36. 47	46. 41	0. 39
	2018	17. 29	36. 62	46. 09	0. 39
	2019	17. 71	36. 81	45. 48	0. 39

Source: Statistics Indonesia, Data Series.

3. Poverty reduction theories[①] used/reflected

Based on the strategies presented in the National Long-Term Development Plan (2005-2025), that focuses on achieving a just and secure nation, increasing people's wellness by investing in human capital, such as education, health, promoting gender equality, and the improvement of manufacturing sector and modernization of agricultural sector, with infrastructure investments (i. e. , road networks, water infrastructure, etc.), it can be noted that the medium-term plan is very influenced by the Structural Theory of Poverty, particularly the Theory of Economic, Political

---

① Though these two theories are not explicitly stated in the development plan of the country, the reviewer just analyzed this based on the strategies presented in the development plan and other literature reviewed.

and Social Distortions or Discrimination.

Also, since Indonesia is an archipelagic country, and as identified by the Government that Eastern Indonesia holds more rural population, thus more rural poor, poverty reduction strategy will focus in the region to narrow down the income disparities in the country. It can be assumed that the Theory of Geographical Disparities are also in place in their development plan.

4. Government management agencies and Instrumental tools

Government agencies and the organizational structures in national and local levels

As discussed in the previous section, the TNP2K is the Indonesian Government institutional innovation intended to analyze and set out policy options to improve the coherence and coverage of poverty reduction and social protection programs. This idea of a poverty policy coordinating body at the national level was not a completely new concept. During the Megawati Sukarnoputri presidency in 2001, a special committee to coordinate poverty alleviation efforts was first established under the leadership of Jusuf Kalla as Coordinating Minister for People's Welfare. A Coordinating Team for Poverty Alleviation (Tim Koordinasi Pemberantasan Kemiskinan, TKPK) was also in existence throughout the first term of SBY's presidency. Nevertheless, these earlier bodies accomplished little as far as policy and practical outcomes were concerned. In addition, the idea of placing a poverty policy coordinating body at a very high level had also been previously proposed. According to one of TNP2K's founders, this arrangement was actually suggested at a cabinet meeting during the first term of SBY's presidency, by the Secretary of TKPK at that time. However, it was dismissed as the cabinet was at that time coming to the end of its working life.

Unlike previous bodies, TNP2K was deliberately designed from the outset to be housed within the Office of the Vice President. As stated above, this was intended to expand its convening power and its ability for cross-ministry coordination. It might be possible to solve the problem of competing vested interests, as well as the overlapping or conflicting responsibilities between ministries. To some degree, this arrangement was also justified by the personality and reputation of Boediono. He was viewed not only as a political Vice President, but also as an able technocrat who understood what had to be done to address poverty issues. Placing TNP2K within the Vice President's office, thus not only facilitated policy coordination, but also enhanced its public profile (Modjo, 2017).

TNP2K is chaired by the Vice President, and assisted by Ministers and Head of Agencies involved in poverty alleviation efforts. As set forth in the Presidential Regulation Number 15 of Year 2010, the Coordinating Ministers for Welfare was appointed as the First Deputy while the Coordinating Minister of Economy and Finance was the Second Deputy of TNP2K.

This high-level structure has remained relatively unchanged overtime. The only important change made was when the Head of Bappenas was given the role of chairman of the Finance Team. This decision was based on strategic considerations that Bappenas was the government agency responsible for foreign cooperation and has a veto power in foreign funding decisions. Moreover, Bappenas had also closer working relations with donors, and could access the donor fund more effectively than others.

The high level of TNP2K described above is supported by a secretariat headed by an Executive Secretary who is also the Deputy Vice President for Welfare and Poverty. The Executive Secretary runs TNP2K's secretariat on behalf of and reports to the Vice President.

Within the TNP2K's secretariat, there are three basic types of working units, or departments: the Policy Formulation Working Groups, the Taskforce, and the Support Secretariat. The Policy Formulation Working Groups are the core professional units of TNP2K. Their purpose is to provide policy advice to the Executive Secretary of TNP2K and to the Vice President's Office.

The division of three Policy Working Groups was based on the three "poverty reduction clusters", with a group for each cluster. Clusters reflect the way Government of Indonesia originally formulated its poverty reduction acceleration strategy with a tripartite division into focus on the individual and family, focus on the community and poverty alleviation through market organizations.

Cluster I: Integrated family-based social assistance programs. These programs provide social assistance and protection to fulfill people's basic rights, improve the quality of life of the poorest in the communities, and reduce their life burdens. The focus is ensuring that everyone has access to food, health care and education.

Cluster Ⅱ: Community development poverty alleviation programs. These programs acknowledge that it is not enough to just provide direct assistance to the poor. Poverty is not only due to a lack of material possessions. Poor people are vulnerable, and do not have access to the means to improve their quality of life. This approach aims to empower communities to use their own potential and resources to lift themselves out of poverty.

A group-based community empowerment program is a further stage in the process of reducing poverty. Poor communities begin to realize their own potential and their ability to make a change. The program not only creates awareness of people's potential and their resources, but also the potential of the community as a whole. The empowerment approach encourages the poor to participate on a wider scale, and to take responsibility for developing their areas.

Cluster Ⅲ: Micro and small enterprise empowerment poverty alleviation programs. These programs aim to support and encourage micro enterprises and small businesses by providing access to finance, training in business and management skills, and counselling for entrepreneurs as well as by strengthening the business environment. The emphasis in these programs is extending opportunities to the poorest members of our communities, so that everyone has the chance of improving their quality of life. However, the overall impact of the programs could not be maximized without support from the other stakeholders. To support, accelerate and realize comprehensive poverty reduction, four major strategies have been formulated:

(1) Improving and developing social protection programs;

(2) Increasing access to basic services;

(3) Empowering the poor; and

(4) Prioritizing inclusive development.

In 2018, these are some of the poverty eradication programs that are still being implemented by the Government of Indonesia (Nugroho et al.):

- Social Assistance Category: food assistance, conditional cash transfer programs, school assistance, and health insurance contribution assistance;

　　— Subsidy Category: LPG, electricity, and diesel fuel subsidies.

Roles of NGOs and private sectors, and cooperation with government agencies

The National Long-Term Development Plan 2005 – 2025 recognized the importance of the private sector in the development. Specifically, it stated that the accelerated development of the infrastructure is more stimulated by the increased role of the private sector by the established basic policy and regulatory framework and through institutional reform and restructuring, including for the transportation, energy and electricity, and post and telematics sector.

The NGO Sector Review identified a tendency of Indonesian NGOs (like NGOs in other developing contexts) to be generalist, i. e. taking an approach of service delivery or organizing communities for self-help rather than focusing on systems, macro-level change in any specific area or sector. The 2014 data added nuance to this characterization. There are significant differences between the work that sub-national and national NGOs focus on. A national NGO is more likely to conduct research or policy advocacy, whereas a sub-national NGO is more likely to provide social services. National NGOs are also more likely to report providing training for other NGOs than NGOs of provincial and city/district levels. Many national, provincial, and city/district level NGOs alike focus on community empowerment, law and human rights, and education to some extent. However, sub-national NGOs are much more likely to focus on agriculture, environment, economic development, and health (Scanlon and Alawiyah, 2020).

附录 6　世界部分国家的减贫政策和理论
之坦桑尼亚（英文）

Policies and Theories of Poverty Reduction in Selected Countries:
Tanzania

1. The definition and standards of poverty

Definition of poverty in Tanzania

In Tanzania, poverty is usually defined in relation to Household Budget Survey (HBS). Poverty is therefore refers to an assessment of the basic costs of a minimum standard of living in a particular society, and measures the number of households and/or the proportion of the population that are deemed not to be able to meet these basic needs. In Tanzania, poverty is measured by comparing a household's consumption per adult equivalent to the national poverty line using HBS data. The consumption aggregate comprises food, including food produced by the households themselves, and expenditures on a range of other goods and services (e. g. , clothing, utilities, transportation, communication, health, and education) [United Republic of Tanzania (URT), 2020]. In Tanzania, there are two main poverty lines: the food poverty line and the Cost-Basic-Needs (CBN) poverty line. The food poverty line is based on the minimum expenditure to intake of minimum calories for survival. The CBN poverty line includes not only the minimum food expenditure, but also non-food expenditure for subsistence (URT, 2005; URT, 2010).

The latest poverty standards in the country

In 2017/18, basic needs poverty was 26. 4 percent as compared to 28. 2 percent in 2011/12, while food poverty in 2017/18 was 8. 0 percent as compared to 9. 7 percent in 2011/12 (URT, 2021). In 2020, National Bureau of Statistics (NBS) and Research on Poverty Alleviation (REPOA) estimated that, poverty was annually decreasing by 0. 21 percent. With this assumption, basic needs poverty has decreased from 26.4 percent in 2018 to 25.7 percent in 2020, while food poverty has decreased to 7.3 percent in 2020 (URT, 2020; URT, 2021). In the same year, the proportion of primary school children aged 7 to 13 that attending school were more than 90 percent (URT, 2020).

Despite the remarkable changes in decrease of poverty, poverty is not reduced as much as the population grew, resulting in an increase in the absolute number of poor people. In 2018, for example, about 14 million people lived below the national poverty line of TZS 49,320 per adult equivalent per month, and about 26 million (about 49 percent of the population) lived below the international poverty line of $1.90 per person per day. Vulnerability is also still high: for every four Tanzanians who moved out of poverty, three return to Poverty. A large number of non-poor people living just above the poverty line are at risk of slipping below it. Beyond the persistent gaps between urban and rural areas, there are large disparities in the distribution of poverty across geographic regions. Poverty is highly concentrated in the western and lake zones, and low in the eastern zones (World Bank Group, 2020).

The targeted people of poverty reduction strategy

Poverty reduction strategies in Tanzania focus on both poor households in rural and urban areas, though much emphasize has been put to lift rural people out of poverty as the poverty incidence is higher in rural areas compared to urban areas (URT, 2021). This is due to the fact that about 80% of Tanzanians live in rural areas with small scale subsistence agriculture being their main source of food and income. Practices of poverty reduction in a county therefore find themselves mainly focusing on lifting up the marginalized rural population with much emphasize on rural youths, women, people with disabilities, left-behind children and senior citizens. On the other hands, since agriculture is the mainstay of Tanzania's economy, many strategies for poverty reduction also aim at empowering small holders in terms of subsidies and capacity buildings.

2. National poverty reduction strategy/plan

The main theme of the second phare of Five-year Development Plan (FYDP II) is "*Nurturing Industrialization for Economic Transformation and Human Development*". It incorporates the main focus of the two frameworks, namely growth and transformation (FYDP I) and poverty reduction (NSGRP II) (URT, 2016). Recently, Tanzania has launched the third phase of Five-year Development Plan (FYDP III) 2021/22-2025/26 with the theme of "*Realizing Competitiveness and Industrialization for Human Development*". Among other things, FYDP III plans to enhance economic empowerment by empowering citizens through implementation of different plans and programmes, including ensuring availability of credit to the women, youth and people with disability; capacitating development financing institutions which are the Tanzania Agricultural Development Bank (TADB) and TIB Development Bank. These institutions will facilitate investments in agriculture, manufacturing and trade. On the other hand, FYDP III aims at enhancing social protection by implementing different activities such as enhancing supports to poor households and families along with improving social protection and welfare services to continue with the implementation of the Social Sector Improvement Plan (2019/20-2022/23) (www. mof. go. tz).

The government of Tanzania believes that, poverty reduction can only be achieved through promoting industrialization which, among other things, will generate employments. The FYDP III (2021/22-2025/26) is not yet for public use. To effectively achieve the objectives of FYDP, Tanzania prepares Annual Plans. All these plans and strategies serve as instruments in achieving Tanzania Development Vision 2025, which aims at achieving high quality livelihood, good governance and the rule of law, and a strong and competitive economy.

Poverty reduction strategy at different stages

Main contents of poverty reduction strategy/plan

The Second Five-year Development Plan has seven core Chapters. These are (1) Introduction, (2) Situation analysis, (3) Strategic re-positioning, (4) Strategic interventions, (5) Financing Strategy, (6) Implementation strategy, and (7) Monitoring and Evaluation. The Chapters are well linked and cross-referencing each other. The introductory Chapter is followed by Chapter Two, which presents a review of progress made during implementation of FYDP I and MKUKUTA II/NSGRP II, highlighting some of the achievements and challenges, thus, providing a baseline scenario for FYDP II. The third Chapter sets the strategic repositioning of FYDP II, taking stock of previous industrialization and human development initiatives, assessing the path of structural transformation and social development. It also identifies the fundamental issues, obtaining comparative advantages in relation to FYDP II orientation. Chapter four outlines the priority areas and interventions of the Plan in four categories: growth and transformation; human development; business environment; and implementation effectiveness. It also delineates Flagship projects. The fifth Chapter outlines the strategies for financial resources mobilization, making in-depth assessments of possible sources for both public and private sector undertakings and the manner in which obtaining resources can effectively be utilized. Chapter six provides a roadmap for the reforms needed for effective implementation of FYDP II, spelling out arrangements and required coordination in order to resolve past challenges of inadequate co-ordination. The Seventh and last Chapter outlines a monitoring and evaluation framework for implementation of the Plan. The Plan also has Annexes that detail some of the aspects and approaches of the Plan, including detailed strategic interventions for all identified priority areas, their costs and sources of finance (URT, 2016).

3. Poverty reduction theories used/reflected

In Tanzania, there is no clearly indicated theories used to serve as roadmaps of actions in the documents of poverty reduction. Though, based on our analysis, theory of change has been reflected. This theory brings to the surface the underlying assumptions about why a program will work. It then tracks those assumptions through the collection and analysis of data at a series of stages along the way to final outcomes (Weiss, 2018). It is vivid that theory of change guides poverty reduction struggles to attain sustainable human development in Tanzania.

4. Government management agencies and Instrumental tools

There are two ways of the institutional and coordination arrangement for implementation of the Plan. At the local level, the process starts from identification of projects based on the local circumstance through the participation of local people and entities, and agreeing on common needs or programmes that will address shortcomings or constraints faced by the local community. This is what has been described as a Local Economic Development (LED) approach. From there, all agreements follow Presidents Office-Regional Administration and Local Government (PO-RALG) channels with only a dotted line, suggesting for consultation with the Ministry of Finance and Planning (URT, 2016).

For the rest of the projects, the process picks from FYDP priority interventions. Later, programmes and projects are consolidated by the Ministry of Finance and Planning, and submitted to the Cabinet Secretariat for review. The Cabinet approval process begins with Cabinet Secretariat, through the Inter-Ministerial Technical Committee (IMTC) and Cabinet with appropriate recommendations (URT, 2016). The government of Tanzania uses different tools for poverty reduction.

Government Investments on basic social/public services

The government works in improvement of basic social services like health, education, water and electricity especially in rural areas (rural electrification), as a tool to reduce poverty. From 2016 for example, Tanzania has been offering fee free primary and secondary education as a strategy to fight against extreme poverty. Fee free primary and secondary education enables poor households to use money expected to be paid as school fees to invest in agriculture and entrepreneurial activities, hence fight against extreme and absolute poverty. From 2016 to 2020, the government of Tanzania spent more than 900 billion Tanzanian Shillings for offering fee free education. During the period of July 2020 to March 2021, the government of Tanzania spent 187.2 Billion Tanzanian Shillings. Funds for fee free education are from domestic sources. Furthermore, the government improves health services by building new hospitals and dispensaries together with ensuring availability of health personnel and necessary equipments, mainly drugs. Apart from that, the government puts more emphasis on rural water supply where, rural water supply increased to 72.3% in 2020 from 70.1% in 2019. From July 2020 to March 2021, the government has spent billion 150.2 Tanzanian Shillings for rural water supply. Tanzania is also implementing rural electrification project which aims to distribute electricity in all villages throughout the country. All these are possible by using funds generated from domestic government revenues, private sectors and development partners (URT National Budget, 2020; URT, 2021).

Investment in Flagship Projects

Tanzania has identified and singled out several flagship projects, which are deemed critical and/or their implementation has large positive multiplier effects to the rest of the economy, particularly for the areas that can catalyze the aspired transition towards Tanzania's industrialization and socio-economic transformation. It is anticipated that their implementation would yield clear, in some cases, rapid tangible positive results in relation to the set objectives and targets of the Plan. As such, the choice of these projects is based on their potency to propel Tanzania's supply structure to a higher level of growth, sophistication and competitiveness. This, in turn, will make it possible for Tanzania to effectively align with and benefit from the evolving market dynamics nationally, regionally and globally. Some of the selected flagship projects are located in such corridors/zones/clusters.

Credit Financial tools

The government of Tanzania provides interest-free loans to the marginalized groups of youths, women and people with disabilities, so that they can invest in different development projects. This is implemented through local government authorities where each local government authority is required to use 10% of local revenues to provide interest-loans to the youths, women and persons with disabilities, of which 40% for youths, another 40% for women, while the rest 20% for persons with disabilities. Registered groups of 10 and more members for youths and women, and more 5 people with disabilities are qualified to get loans (URT, 2019). The government of Tanzania also works hard on management and improvement of the financial sectors as a tool for poverty reduction.

Social Protection

Tanzania is implementing the Productive Social Safety Nets Program through Tanzania Social Action Fund (TASAF) in order to increase income in the poor households, and enable them to acquire basic needs. Progress in the implementation of TASAF Ⅲ includes: registration of 1,084,018 households with 5,217,985 members in 9,785 villages and streets in 159 Local Government Authorities (LGAs) in Mainland Tanzania, and 34,490 households with 196,301 members in 204 Shehia in Zanzibar. Subsidies in the form of conditional cash transfers amounting to 968.73 billion shillings have been provided, of which 935.94 billion shillings in Mainland Tanzania and 32.79 billion shillings in Zanzibar. Moreover, 8,384 projects have been implemented which have created temporary employment for 230,738 households in Mainland Tanzania, and 251 projects have created temporary employment for 14,555 households in Zanzibar. Further, 47 projects for improvement of infrastructure in education, health and water sectors in Mainland Tanzania, and eight projects in education and health sectors in Zanzibar have been completed (URT, 2021; URT National Budget 2020; www.tasaf.go.tz). Funds for this project is from the government, private sectors, development partners and other development stakeholders.

附录7 世界部分国家的减贫政策和理论
之塞拉利昂 (英文)
Policies and Theories of Poverty Reduction in Selected Countries:
Sierra Leone

1. The definition and standards of poverty in Sierra Leone

In the context of Sierra Leone, poverty is traditionally defined based on income/expenditure approach that an individual or a household is considered to be poor due to unable to meet food and basic needs. It is therefore estimated that, the poor people of Sierra Leone can only meet 69.8 percent of their basic needs and 89.2 percent of their food needs. Food security disaggregated by urban/rural area and by region indicates that urban areas are doing much better than rural areas, and Western Area is significantly better than the other regions. Among the regions, the North is both the poorest in the terms of money and food secure, followed by the South and the East (Government of Sierra Leone, 2019). On the other hand, poverty is defined based on Multi-dimensional Poverty Index (MPI). Based on it, an individual or a household is considered to be poor due to the deprivation in five dimensions (education, health, housing, living standards, and energy), which have a total of 14 indicators. Based on MPI, almost two-thirds of the population in the country is identified as "MPI poor" (deprived in at least 40 percent of indicators). The intensity of poverty is 58.9 percent, meaning that, on average, poor people experience almost 60 percent of the possible weighted deprivations considered (UNDP Sierra Leonne, 2019).

The latest poverty standards in the country

The overall poverty rate in Sierra Leone is 57 percent, with 10.8 percent of the population living in extreme poverty. It is the highest in the rural areas (a poverty incidence of 72.4 percent), and the lowest in the capital city, Freetown (18.5

percent）, which indicates that poverty in Sierra Leone remains a rural issue. In terms of absolute poverty by region, the North is the poorest, followed by the South and the East. Western Area has the lowest poverty rate（18 percent）. Extreme poverty is predominant in the East, with 18.1 percent of the people unable to meet their food needs. This is followed by the North（12.1 percent）and the South（8.4 percent）. The West（1.7 percent）has the lowest proportion of people who cannot meet their food needs. On average, the poor people of Sierra Leone can only meet 69.8 percent of their basic needs and 89.2 percent of their food needs. Those in Western Area, especially Freetown, can meet 77.5 percent of their basic needs, while those in the rural areas can meet 67.3 percent of their basic needs（72 percent in the South; 68.2 percent in the North; 65.7 percent in the East）. Table 1 shows the absolute and extreme poverty in Sierra Leonne.

Table 1　Absolute poverty and extreme poverty, Sierra Leone（January-June 2018）

Area	Absolute poverty			Extreme Poverty		
	Incidence（%）	Gap	Severity	Incidence（%）	Gap	Severity
Sierra Leone	57.0	31.2	12.9	10.8	19.0	5.6
Freetown	18.5	22.5	8.2	1.7	24.9	9.3
Other urban	41.2	25.8	9.1	4.1	14.5	3.6
Rural	72.4	32.7	13.9	15.3	19.2	5.7
East	60.9	35.3	16.2	18.1	21.4	6.7
North	67.3	31.8	13.2	12.1	18.5	5.4
South	66.8	28.0	10.2	8.4	13.9	3.3
West	18.0	22.5	8.2	1.7	24.9	9.3

Source: Government of Sierra Leone, 2019.

The Multi-dimensional Poverty Index of Sierra Leone has five dimensions（health, education, living standards, housing, and energy）and 14 indicators（See Table 2）. In 2017, the incidence of multi-dimensional poverty（the proportion of people identified asmulti-dimensionally poor）was 64.8 percent. This means that almost two-thirds of the population in Sierra Leone is identified as multi-dimensionally poor. In turn, the average intensity of poverty, which reflects the share of deprivations each poor person experiences on average, is 57. 9 percent. That is, each poor person on average is deprived in almost 60 percent of the dimensions included in the Multi-dimensional Poverty Index. The National Multi-dimensional Poverty Index, which is the product of the incidence and intensity of poverty, has a value of 0. 375. This means that multi-dimensionally poor people in Sierra Leone experience 37. 5 percent of the total deprivations. There is more deprivation in rural areas than in urban settings. Therefore, the rural incidence or rural poverty headcount ratio is more than double that of urban areas–86. 3 percent and 37. 6 percent, respectively.

Table 2　Dimensions, indicators, deprivation cut-offs, and weights of the National MPI

Dimension	Indicator	Weight
Education	Years of schooling School at tendance	10% 10%
Health	Nutrition Child mortality Vaccination	6. 7% 6. 7% 6. 7%
Housing	Housing materials Asset ownership Overcrowding	6. 7% 6. 7% 6. 7%
Living standards	Water Bank account Sanitation	8% 4% 8%
Energy	Internet Cooking fuel Electricity	4% 8% 8%

Source: UNDP Sierra Leone, 2019.

The targeted people of poverty reduction strategy

Since poverty in Sierra Leone remains mainly a rural issue, poverty reduction strategies in a country mainly focus on rural people with more emphasis on women, the disabled and youths. Though, this doesn't imply that the government of Sierra

Leone does nothing to reduce poverty in urban areas. Taking youths for example, Sierra Leone has a very young population, but about 80 percent of youths are unable to earn enough to lift themselves and their families above the US$2 per day poverty level.

2. National poverty reduction strategy/plan

Poverty reduction in history

The Government of Sierra Leone has launch National Development Plans (NDPs), also referred to as Poverty Reduction Strategy Papers (PRSPs), beginning with an Interim PRSP for 2002-2003, followed by a National Recovery Strategy implemented in 2003-2004. The first fully fledged PRSP was the National Program for Food Security, Job Creation and Good Governance 2005-2007, which was to set the stage for a stable society with a focus on peace consolidation. The Agenda for Change 2008-2012 was to improve the socio-economic condition of the people and lay the foundation for sustained growth. The third PRSP, Agenda for Prosperity 2013-2018, built on the successes of the Agenda for Change, was supposed to continue the transformation of the economy and accelerate growth towards a middle-income status while improving the lives of all citizens.

The Medium-term National Development Plan (2019-2023), which is the fourth plan, is grounded on renewed optimism as the country's democracy matures and public participation in development processes attains new heights. This plan represents the first five years of a 20-year long-term national commitment to a vision for a middle-income country, with an appropriate governance framework that would be based on inclusivity, unity, and the rule of law, and with a diversified economy that is resilient, offering jobs to all, and taking account of the special needs of women, children, and vulnerable groups. In essence, the MTNDP seeks to build a united, peaceful, progressive, dynamic, confident, enterprising, and happy nation where the people have access to jobs, food, education, and health services, while there is equal justice and equal opportunities for all.

At the core of the plan is the vision of Sierra Leone as a middle-income country by 2039. The realization of this vision requires a long-term plan of 20 years, allowing for the application of coherent program within a framework of policies and legislation that are consistently enforced. The completion of such a long-term plan involves the projection of different scenarios based on in-depth studies and consultations, revisiting currently accepted assumptions of the country's growth trajectory and more robust methods for addressing regional issues. This must be done if the country is to emerge from a low-level income trap, where signs of apparent progress are followed by dramatic reversals. The first year of this plan is therefore to be implemented in tandem with the formulation/finalization of the 20-year plan.

In this first five-year period, the current government's policies will guide the country towards the vision through a strategy with priorities and programs that are consistent with regional and international development agendas such as the African Union Agenda 2063, the UN Agenda 2030 for Sustainable Development, including the Sustainable Development Goals, and the New Deal Peace building and State building Goals. Here special mention must be made of the Mano River Union, which provides the space within the Economic Community of West African States subregion for wider growth and development initiatives. It must be emphasized that the programs and policies proposed in this MTNDP period will lay the foundation for longer-term goals in the 20-year plan period. Furthermore, the wide and extensive preparatory process for this plan has allowed the capture of the development aspirations of all political parties and sectors of Sierra Leone. This is to address one of the key constraints limiting progress in the past: coherence, continuity, and consistency in development strategy and programs.

For the first five years, the Free Quality School Education Program is the government's flagship program to provide a solid base not only to enhance human capital development, but also to facilitate the transformation of other sectors. Four key national goals are identified, emerging from the consultative process and grounded in the developmental state model, for this plan period. Seven policy clusters were generated from the extensive nationwide consultations, and they incorporate the priorities of government as agreed during the ministerial round table organized by the government. An additional cluster on implementation is included.

The strategy to achieve the goals of the MTNDP revolves around transforming the economy, promoting diversification, stimulating growth sectors, taking into account sub-regional opportunities, investing in critical infrastructure to facilitate private sector expansion, and providing disciplined, effective, efficient, and accountable leadership underpinned by respect for the supremacy of the rule of law. These focus areas together constitute the new development agenda pursued by the Government of Sierra Leone.

Current General strategy/plan on poverty reduction

In 2019, the Government of Sierra Leone launched the Sierra Leone Medium Development Plan with the main theme "Education for Development". The overarching goal of the plan is to reduce poverty in all its forms by improving the lives of the people through education, inclusive sustainable growth, and building a resilient economy. The plan is aligned to the Sustainable Development Goals and Africa Agenda 2063 (Government of Sierra Leonne, 2019; UNDP Sierra Leone, 2019). To effectively implement this plan, the Government of Sierra Leone continuously prepares Annual Plans to be implemented in different financial years (Government of Sierra Leone, 2021).

The plan charts a clear path towards 2023 for the goal of achieving middle-income status by 2039 through inclusive growth that is sustainable and leaves no one behind. For the five years, the Free Quality School Education Programme is the government's flagship programme to provide a solid base to enhance human capital development and to facilitate the transformation of the economy. The MTNDP mainstreamed the Sustainable Development Goals, the African Union Agenda 2063, the New Deal for Engagement in Fragile States' Peace building and State building Goals.

Policies and programmes to implement the National Development Plan have been organized into eight broad policy clusters. These clusters also contain the eight leading strategic priorities of government. Cluster 1: Human capital development; Cluster 2: Diversifying the economy and promoting growth; Cluster 3: Infrastructure and economic competitiveness; Cluster 4: Governance and accountability for results; Cluster 5: Empowering women, children, adolescents, and persons with disabilities; Cluster 6: Youth employment, sports, and migration; Cluster 7: Addressing vulnerabilities and building resilience; and Cluster 8: Means of implementation. All these clusters are gender and environmentally mainstreamed.

3. Poverty reduction theories used/reflected

Poverty reduction strategies in Sierra Leone use the theory of change as a roadmap. The Theory of Change describes the pathways through which the outcomes achieved within each of the clusters will lead to the national goals that in turn will produce the vision. The vision encompasses what the society desires to become over a period of time. In the next five years (2019-2023), the achievement of the four goals collectively will turn the vision into reality. It must be emphasized that the goals are interconnected and not isolated from each other. For example, the goal of a society with high levels of education and education-enabled development is not only a goal in its own right, but a precondition for attaining full potential in each of the other goals.

4. Government management agencies and implementation tools on poverty

Supporting the poor and vulnerable is a fundamental requirement of implementing the "leave no one behind" principle in the fragile context of Sierra Leone. More than half (57 percent) of inhabitants live below the poverty line, nearly 1 million (10.8 percent) of whom are extremely poor. Food insecurity plagues almost half (49.8 percent) of households across the country. The population faces a low life expectancy of 42 years, and only about 37 percent of the population is literate (25 percent for women). In the last 15 years, Sierra Leone has experienced major floods, and most recently a landslide that affected over 220,000 people, causing the loss of lives and severe economic damage. Global economic shocks, such as the global financial crisis and falling commodity prices, also severely affect households' economic conditions. Yet many of the existing social programmes suffer from low coverage, high leakages, and inefficient coordination. In this aspect, the government focuses its efforts on three major programmes selected from areas, including: (1) a cash transfer to very poor households with children; (2) a social pension targeted at war victims and the elderly; and (3) a permanent labour-intensive public works programme that seeks to help the unemployed and the rural and urban households that are seasonally exposed to food insecurity. To some extent, these programmes have possible reduced inequality and social exclusion, while cushioning shocks, establishing key building blocks for resilience.

Government investments: the Government of Sierra Leone recognizes the importance of investing in human capital development by ensuring quality provision of better basic services to the public particularly education and health. In the short term, better public service provision (especially free quality education) is expected to free up household resources previously used to purchase similar services in the private sector, allowing for increased consumption or for productive investments. This alone is expected to improve outcomes, as lack of funding or capital was identified as the main reason for not sending children, particularly girls, to school, and a key reason for not starting or expanding businesses and farming activities (Labour Force Survey, 2019). Quality education, meanwhile, has been shown to improve the uptake of modern farming practices, and allow fishermen and fish traders to move up along the value chain. This offers two channels for poverty reduction. First, it directly increases the income of the poor, as agriculture and fishing are key sectors of employment for this group. Second, higher production of rice (a staple grain) and fish (a major protein source) would reduce their prices and increase consumption, thereby improving food security and nutrition for poor households. Better services in rural areas can also reduce migration towards urban areas, which are already under pressure to provide basic services and jobs.

Employment promotion: Create targeted employment schemes (i. e. cash-for-work and food-for-work programmes) for youth, women, and others, especially the most vulnerable of these groups, through public-private partnerships and development partners.

Support informal schemes such as "*osusu*" and other community savings and insurance schemes with welfare provision elements (Government of Sierra Leone, 2019).

Public finance and development assistance dominate the implementation of Sierra Leone's Five-year Development Plan while the contribution of private finance remains nascent.

参 考 文 献

［1］舒建中．沃勒斯坦"中心—边缘"论述评［J］．学术论坛，2002（6）：49－52．

［2］萨米尔·阿明．不平等的发展：论外国资本主义的社会形态［M］．北京：商务印书馆，1990．

［3］安虎森．增长极理论评述［J］．南开经济研究，1997（1）：31－37．

［4］陈建勋．从纳克斯的"贫困恶性循环论"所想到的［J］．上海经济研究，1988（2）：56－59．

［5］Nelson，R. R.，李德娟．欠发达经济中的低水平均衡陷阱理论［J］．中国劳动经济学，2006（3）：97－109．

［6］姜汝祥．莱宾斯坦落后经济成长理论评介［J］．经济学动态，1992（8）：65－70．

［7］张焕蕊，吕庆丰．简评刘易斯二元经济模型［J］．当代经济，2008（3）：94－96．

［8］黄继忠．区域内经济不平衡增长论［M］．北京：经济管理出版社，2001．

［9］尹伯成．缪尔达尔和他的循环积累因果原理［J］．世界经济文汇，1987（5）：69－71．

［10］李晓明．贫困代际传递理论述评［J］．广西青年干部学院学报，2006，16（2）：75－78．

［11］周怡．贫困研究：结构解释与文化解释的对垒［J］．社会学研究，2002（3）：49－63．

［12］周怡．社会情境理论：贫困现象的另一种解释［J］．社会科学，2007（10）：58－64．

[13] 熊光清．欧洲的社会排斥理论与反社会排斥实践 [J]．国际论坛，2008 (1)：14-18，79.

[14] 李小云．参与式发展概论 [M]．北京：中国农业大学出版社，2001.

[15] 陈树强．增权：社会工作理论与实践的新视角 [J]．社会学研究，2003 (5)：70-83.

[16] 舒尔茨．论人力资本投资 [M]．吴珠华，译．北京：北京经济学院出版社，1990.

[17] 赵达薇，李非非．罗默、卢卡斯人力资本理论对经济增长作用的理论分析 [J]．管理现代化，2008 (1)：51-52.

[18] 王三秀，罗丽娅．国外能力贫困理念的演进、理论逻辑及现实启示 [J]．长白学刊，2016 (5)：120-126.

[19] Roberts，M.G.，杨国安．可持续发展研究方法国际进展——脆弱性分析方法与可持续生计方法比较 [J]．地理科学进展，2003，22 (1)：11-21.

[20] 周晔馨，叶静怡．社会资本在减轻农村贫困中的作用：文献述评与研究展望 [J]．南方经济，2014，V32 (7)：35-57.

[21] 张全红，周强．多维贫困测量及述评 [J]．经济与管理，2014，28 (1)：24-24.

[22] 左停，杨雨鑫．重塑贫困认知：主观贫困研究框架及其对当前中国反贫困的启示 [J]．贵州社会科学，2013 (9)：43-49.

[23] 张秀艳，潘云．贫困理论与反贫困政策研究进展 [J]．经济问题，2017 (3)：1-5.

[24] 周华．益贫式增长的定义，度量与策略研究——文献回顾 [J]．管理世界，2008 (4)：160-166.

[25] 北京师范大学中国扶贫研究中心课题组，张琦，胡田田．中国绿色减贫指数研究 绿色减贫理论综述 [J]．经济研究参考，2015 (10)：25-32.

[26] 杜志雄，肖卫东，詹琳．包容性增长理论的脉络、要义与政策内涵 [J]．中国农村经济，2010 (11)：4-14，25.

[27] 高传胜．论包容性发展的理论内核 [J]．南京大学学报（哲学·人文科学·社会科学版），2012，49 (1)：32-39，158-159.

［28］张晓颖．经济、环境、社会发展与人：从可持续发展观到包容性绿色增长［J］．江淮论坛，2014（6）：63，95－100.

［29］明翠琴，钟书华．国外"绿色增长评价"研究述评［J］．国外社会科学，2013（5）：75－84.

［30］张海东．社会质量研究：理论、方法与经验［M］．北京：社会科学文献出版社，2011.

［31］张海东，石海波，毕婧千．社会质量研究及其新进展［J］．社会学研究，2012，27（3）：223－240，246.

［32］黄林，卫兴华．新形势下社会组织参与精准扶贫的理论与实践研究［J］．经济问题，2017（11）：35.

［33］俞可平．治理和善治：一种新的政治分析框架［J］．南京社会科学，2001（9）：40－44.

［34］迈克尔·谢若登．资产与穷人［M］．高鉴国，译．北京：商务印书馆，2005.

［35］贝克尔，赵思新，黄德兴．家庭经济学和宏观行为（上）［J］．国外社会科学文摘，1994（12）：18－21.

［36］阿比吉特·班纳吉，埃斯特·迪弗洛，迪弗洛，班纳吉．贫穷的本质：我们为什么摆脱不了贫穷［M］．景芳，译．北京：中信出版社，2013.

［37］周业安，孙玙凡．实验发展经济学：理论，方法和困局［J］．中国人民大学学报，2021，35（2）：45－54.

［38］朱冬亮．贫穷的本质：基于精准扶贫实践的思考［J］．人民论坛，2020（6）：86－93.

［39］方迎风．行为视角下的贫困研究新动态［J］．经济学动态，2019，695（1）：133－146.

［40］黄承伟，刘欣．新中国扶贫思想的形成与发展［J］．国家行政学院学报，2016（3）：63－68.

［41］辛远，韩广富．习近平贫困治理重要论述的理论渊源［J］．重庆交通大学学报（社会科学版），2020，20（5）：1－8.

［42］燕连福，马亚军．习近平扶贫重要论述的理论渊源、精神实质及时代意义［J］．马克思主义与现实，2019（1）：92－98.

［43］许博，陆杰荣．马克思关于贫困问题的论述及其当代价值［J］．人民论坛，2020（16）：96 – 97．

［44］夏海军，范明英．精准扶贫战略思想是中国特色反贫困理论最新成果［J］．江淮论坛，2018（5）：49 – 56．

［45］文建龙．中央领导集体对新中国扶贫理论的贡献述评［J］．中共云南省委党校学报，2013，14（5）：57 – 60．

［46］习近平．做焦裕禄式的县委书记［M］．北京：中央文献出版社，2015．

［47］习近平赴湘西调研扶贫攻坚［EB/OL］．http：//news. xinhuanet. com/politics/2013 – 11/03/c_117984236. htm．

［48］李婧．习近平提"精准扶贫"的内涵和意义是什么［EB/OL］．http：//www. ce. cn/xwzx/gnsz/szyw/201508/04/t20150804_6121868. shtml．

［49］张芳娟，张乾元．我国农村反贫困的制度创新及其治理效能［J］．江西社会科学，2021，41（4）：236 – 244，2．

［50］关于创新机制扎实推进农村扶贫开发工作的意见［M］．北京：人民出版社，2014．

［51］中国共产党新闻网．《中国减贫学》智库报告发布［EB/OL］．（2021 – 3 – 1）［2021 – 7 – 23］．http：//cpc. people. com. cn/n1/2021/0301/c64387 – 32038877. html．

［52］李小云．深刻理解和把握中国特色反贫困理论［N］．光明日报，2021 – 03 – 22（15）．

［53］唐任伍，孟娜，李楚翘．习近平新时代中国特色社会主义思想中的贫困治理观：理论渊源、逻辑意蕴和当代价值［J］．经济与管理研究，2020，41（12）：3 – 10．

［54］唐任伍，叶天希．人间奇迹：为世界消除贫困贡献中国智慧［N］．北京日报，2021 – 03 – 01（012）．

［55］刘建生．中国扶贫：中国共产党创造中国特色反贫困理论［J］．中国乡村振兴，2021（13）：24 – 27．［EB/OL］．2021 – 7 – 3［2021 – 7 – 23］．https：//baijiahao. baidu. com/s?id = 1704278877364145496&wfr = spider&for = pc．

［56］钟甫宁．中国农村脱贫历史性成就的经济学解释［J］．农业经济问题，

2021 (5): 4 - 11.

　　[57] 燕继荣, 王禹澔. 保障济贫与发展脱贫的主题变奏——中国反贫困发展与展望 [J]. 南京农业大学学报 (社会科学版), 2020, 20 (4): 22 - 34.

　　[58] 连玥晗. 发展经济学贫困陷阱现象的思考和启示 [J]. 新商务周刊, 2018 (11): 10 - 11.

　　[59] 王忠玉. 理解发展和减贫 [J]. 科学, 2020, 72 (1): 13 - 16, 4.

　　[60] 李正图. 中国特色反贫困理论的形成逻辑 [J]. 人民论坛, 2021 (18): 54 - 56.

　　[61] 李猛. 马克思主义反贫困理论在中国的传承与创新 [J]. 中共中央党校 (国家行政学院) 学报, 2020, 24 (4): 22 - 28.

　　[62] 毛泽东. 毛泽东文集 [M]. 北京: 人民出版社, 1999.

　　[63] 杨俊. 百年来中国共产党贫困治理的历程、经验与启示 [J]. 西北农林科技大学学报 (社会科学版), 2021, 21 (3): 21 - 27.

　　[64] 王太明. 中国共产党减贫的实践历程、基本经验及未来转向 [J]. 经济学家, 2021 (7): 17 - 26.

　　[65] 中华人民共和国国务院办公室. 中国的农村扶贫开发 [N]. 人民日报, 2001 - 10 - 16.

　　[66] 韩保江, 邹一南. 中国小康社会建设 40 年: 历程、经验与展望 [J]. 管理世界, 2020, 36 (1): 25 - 36, 231.

　　[67] 陈济冬, 曹玉瑾, 张也驰. 在持续稳定增长中减贫: 我国的减贫历程与经验启示 [J]. 改革, 2020 (6): 114 - 124.

　　[68] 汪三贵. 中国 40 年大规模减贫: 推动力量与制度基础 [J]. 中国人民大学学报, 2018, 32 (6): 1 - 11.

　　[69] 国家主席习近平发表二〇二一年新年贺词 [N]. 人民日报, 2021 - 01 - 01 (001).

　　[70] 习近平: 在全国脱贫攻坚总结表彰大会上的讲话 [EB/OL]. https://www.ccps.gov.cn/xxsxk/zyls/202102/t20210225_147585.shtml.

　　[71] 刘志铭. 中国特色反贫困理论的核心要义及世界意义 [N]. 南方日报, 2021 - 04 - 12 (A11).

　　[72] 郝永平、黄相怀. 人民观察: 集中力量办大事的显著优势成就"中国

之治"［N］．人民日报，2020 – 03 – 13（09）．

　　［73］中华人民共和国国务院新闻办公室．中国的减贫行动与人权进步［N］．人民日报（海外版），2016 – 10 – 18（5）．

　　［74］中共中央党史和文献研究院．习近平扶贫论述摘编［M］．北京：中央文献出版社，2018．

　　［75］邓小平．邓小平文选（第3卷）［M］．北京：人民出版社，1993．

　　［76］蒋永穆，万腾，卢洋．中国消除绝对贫困的政治经济学分析——基于马克思主义制度减贫理论［J］．社会科学战线，2020（9）：167 – 176．

　　［77］习近平．在纪念毛泽东同志诞辰120周年座谈会上的讲话［M］．北京：人民出版社，2013．

　　［78］邹绍清，王红云．论以人民为中心的发展永远在路上［J］．马克思主义研究，2017（10）：25 – 31．

　　［79］习近平．切实把思想统一到党的十八届三中全会精神上来［N］．北京：人民日报，2014 – 01 – 01．

　　［80］中共中央马克思恩格斯列宁斯大林著作编译局．马克思恩格斯选集（第1卷）［M］．北京：人民出版社，2012．

　　［81］何祥，李祥兴．精神扶贫：习近平对马克思主义反贫困理论中国化的新贡献［J］．黑龙江工业学院学报（综合版），2021，21（2）：34 – 40．

　　［82］中共中央宣传部．习近平总书记系列重要讲话读本［M］．北京：学习出版社，人民出版社，2016．

　　［83］左停，李泽峰，林秋香．相对贫困视角下的贫困户脱贫质量及其自我发展能力——基于六个国家级贫困县建档立卡数据的定量分析［J］．华南师范大学学报（社会科学版），2021（2）：32 – 44，205．

　　［84］钱力，倪修凤，宋俊秀．集中连片特困地区自我发展能力测算与时空变迁［J］．统计与信息论坛，2020，35（8）：110 – 120．

　　［85］徐孝勇，曾恒源．中国14个集中连片特困地区县域自我发展能力测度与乡村振兴战略瞄准研究［J］．农林经济管理学报，2019，18（5）：684 – 692．

　　［86］段丽，张礼建．马克思反贫困理论与当前中国贫困治理的内在逻辑［J］．重庆科技学院学报（社会科学版），2021（4）：19 – 24．

　　［87］蒋永穆，江玮，万腾．中国特色减贫思想：演进主线与动力机制［J］．

财经科学, 2019 (1): 52 - 62.

　　[88] 新华社中国减贫学课题组. 中国减贫学——政治经济学视野下的中国减贫理论与实践 [M]. 北京: 新华出版社, 2021.

　　[89] 中共中央文献研究室. 十八大以来重要文献选编 (中) [M]. 北京: 中央文献出版社, 2016.

　　[90] 习近平出席中央扶贫开发工作会议并作重要讲话 [N]. 人民日报, 2015 - 11 - 29.

　　[91] 习近平. 携手消除贫困 促进共同发展——在 2015 减贫与发展高层论坛主旨演讲 [N]. 人民日报, 2015 - 10 - 17.

　　[92] 中共中央党史和文献研究院, 习近平扶贫论述摘编 [M]. 中央文献出版社, 2018.

　　[93] 燕继荣. 反贫困与国家治理——中国 "脱贫攻坚" 的创新意义 [J]. 管理世界, 2020, 36 (4): 209 - 220.

　　[94] 汪三贵. 中国扶贫绩效与精准扶贫 [J]. 政治经济学评论, 2020, 11 (1): 130 - 148.

　　[95] 张琦. 打赢脱贫攻坚战是治理能力现代化的成功实践 [J]. 人民论坛, 2020 (2): 22 - 25.

　　[96] 黄承伟. 脱贫攻坚彰显中国共产党治理能力 [J]. 中国领导科学, 2020 (3): 23 - 27.

　　[97] 左停, 金菁, 李卓. 中国打赢脱贫攻坚战中反贫困治理体系的创新维度 [J]. 河海大学学报 (哲学社会科学版), 2017, 19 (5): 6 - 12, 89.

　　[98] 习近平. 辩证唯物主义是中国共产党人的世界观和方法论 [J]. 求是, 2019 (1).

　　[99] 深化改革开放推进创新驱动 实现全年经济社会发展目标 [N]. 人民日报, 2013 - 11 - 06 (001).

　　[100] 钟真. 完善利益联结机制, 构建企农双赢共同体 [N]. 农民日报, 2020 - 01 - 11 (003).

　　[101] 习近平. 在党的十八届五中全会第二次全体会议上的讲话 [J]. 求是, 2016 (1).

　　[102] 中共中央文献研究室. 十八大以来重要文献选编 [M]. 中央文献

出版社，2014.

［103］习近平．在纪念毛泽东同志诞辰 120 周年座谈会上的讲话［N］．人民日报，2013 - 12 - 27（002）.

［104］方堃，吴旦魁．习近平对马克思主义反贫困理论的创新［J］．中南民族大学学报（人文社会科学版），2019，39（3）：108 - 111.

［105］国际劳工局社会保障司．社会保障导论［M］．北京：劳动人事出版社，1989.

［106］高成军．民权保障：民生问题的价值依归与法治向度［J］．理论月刊，2013（5）：107 - 111.

［107］王太高，邹焕聪．论民生保障的法理基础［J］．南京社会科学，2010（4）：116 - 122.

［108］吴宁．社会弱势群体权利保护的法理［M］．北京：科学出版社，2008.

［109］左停，徐卫周．改革开放四十年中国反贫困的经验与启示［J］．新疆师范大学学报（哲学社会科学版），2019，40（3）：92 - 99，2.

［110］国际劳工局社会保障司．社会保障导论［M］．劳动人事出版社，1989.

［111］考斯塔·艾斯平 - 安德森．福利资本主义的三个世界［M］．法律出版社，2003.

［112］丛树海，郑春荣．国际社会保障全景图［M］．南京：江苏人民出版社，2016.

［113］赵雪雁，张丽，江进德，侯成成．生态补偿对农户生计的影响——以甘南黄河水源补给区为例［J］．地理研究，2013，32（3）：531 - 542.

［114］杨龙，李萌，卢海阳．深度贫困地区农户多维贫困脆弱性与风险管理［J］．华南师范大学学报（社会科学版），2019（6）：12 - 18，191.

［115］［美］西奥多 W. 舒尔茨论人力资本投资［M］北京：商务印书馆，1990：50 - 75.

［116］程名望，盖庆恩，Jin Yanhong，史清华．人力资本积累与农户收入增长［J］．经济研究，2016，51（1）：168 - 181，192.

［117］白菊红，袁飞．农民收入水平与农村人力资本关系分析［J］．农业

技术经济, 2003 (1): 16 - 18.

[118] 周亚虹, 许玲丽, 夏正青. 从农村职业教育看人力资本对农村家庭的贡献——基于苏北农村家庭微观数据的实证分析 [J]. 经济研究, 2010, 45 (8): 55 - 65.

[119] 朱明东, 吴华安, 秦雪华. 金融素养、金融行为与金融资本: 一个文献综述 [J]. 海南金融, 2021 (9): 15 - 23.

[120] 黄宗智. 华北的小农经济与社会变迁 [M]. 北京: 中华书局, 2000: 3 - 6.

[121] 胡振光, 向德平. 参与式治理视角下产业扶贫的发展瓶颈及完善路径 [J]. 学习与实践, 2014 (4): 99 - 107.

[122] 陈文胜. 论乡村振兴与产业扶贫 [J]. 农村经济, 2019 (9): 1 - 8.

[123] 王超, 刘俊霞. 中国反贫困工作 40 年历史演进——基于 1979—2018 中国反贫困政策的量化分析 [J]. 中国农村经济, 2018 (12): 2 - 18.

[124] 孙敬水, 于思源. 物质资本、人力资本、政治资本与农村居民收入不平等——基于全国 31 个省份 2852 份农户问卷调查的数据分析 [J]. 中南财经政法大学学报, 2014 (5): 141 - 149, 160.

[125] 高梦滔, 姚洋. 农户收入差距的微观基础: 物质资本还是人力资本? [J]. 经济研究, 2006 (12): 71 - 80.

[126] 左停, 金菁. "弱有所扶" 的国际经验比较及其对我国社会帮扶政策的启示 [J]. 山东社会科学, 2018 (8): 59 - 65.

[127] 左停, 李世雄, 武晋. 国际社会保障减贫: 模式比较与政策启示 [J]. 国外社会科学, 2020 (6): 35 - 45.

[128] 李炳炎, 王冲. 包容性增长: 基于相对贫困视角下的探析 [J]. 中国流通经济, 2012, 26 (9): 49 - 54.

[129] 周建明. "市场社会" 到 "社会市场经济"——对 20 世纪西欧资本主义的考察 [J]. 学术月刊, 2015 (47): 74.

[130] 波兰尼. 大转型: 我们时代的政治与经济起源 [M]. 刘阳译. 杭州: 浙江人民出版社, 2007.

[131] 安东尼·吉登斯: 失控的世界——全球化如何重塑我们的生活,

周红云译. 南昌: 江西人民出版社, 2001: 101, 102.

[132] Hicks, J. R. , & Leibenstein, H. Economic Backwardness and Economic Growth [J]. Economic Journal, 1959, 69 (274): 344.

[133] Kuznets, M. Economy Growth and Income Inequality [J]. American Economic Review, 1955 (45): 1 – 28.

[134] Woods, F. J. Five Families: Mexican Case Studies in the Culture of Poverty [J]. Social Service Review, 1960, 34 (1): 99 – 100.

[135] Lenski, R. E. , Lenski, G. , & Lenski, G. E. Power and Privilege: A Theory of Social Stratification [J]. Feminisms in Geography Rethinking Space, 1984, 61 (2).

[136] Hunt, R. M. , Rainwater, L. , & Yancey, W. L. The Moynihan Report and the Politics of Controversy [J]. American Quarterly, 1968, 19 (4): 730.

[137] Wilson, W. J. The Truly Disadvantaged: The Inner City, The Underclass, and Public Policy [M]. Chicago: University of Chicago Press, 1987.

[138] Oakley, P. , & Marsden, D. Approaches to Participation in Rural Development [J]. Annals of the Entomological Society of America, 1984, 88 (88): 234 – 239.

[139] Chambers, R. , & Conway, G. Sustainable Rural Livelihoods: Practical Concepts for the 21st Century [J]. IDS Discussion Paper No. 296. Brighton, Institute of Development Studies, 1992: 296.

[140] Ostrom, E. Social capital: A Fad or a Fundamental Concept [M] // P. Dasgupta and I. Serageldin (eds). Social capital: A Multifaceted Perspective. Washington DC: World Bank, 2000.

[141] Lin, N. Social Capital: A Theory of Social Structure and Action [M]. Cambridge: Cambridge University Press, 2001.

[142] Coleman, J. S. Social Capital in the Creation of Human Capital [J]. American Journal of Sociology, 1988 (94): 95 – 120.

[143] Chatman, E. A. Life in a Small World: Applicability of Gratification Theory to Information-seeking Behavior [J]. Journal of the Association for Information Science & Technology, 1991, 42 (6): 438 – 449.

[144] Jalan, J. , & Ravallion, M. Spatial Poverty Traps?[J] Policy Research Working Paper Series, 1997.

[145] Banerjee, A. , Duflo, E. , & Kremer, M. The Influence of Randomized Controlled Trials on Development Economics Research and on Development Policy. 2016.

[146] Malina, D. , Bothwell, L. E. , Greene, J. A. , Podolsky, S. H. , & Jones, D. S. Assessing the Gold Standard — Lessons from the History of RCTs [J]. New England Journal of Medicine, 2016, 374 (22): 2175 – 2181.

[147] Bertrand, Marianne, Mullainathan, Sendhil, Shafir, & Eldar. A Behavioral-Economics View of Poverty [J]. American Economic Review, 2004, 95 (2): 419 – 423.

[148] Banerjee, A. , & Duflo, E. The Economic Lives of the Poor [J]. Journal of Economic Perspectives, 2007, 21 (1): 141 – 168.

[149] Schultz, T. P. School Subsidies for the Poor: Evaluating the Mexican Progresa Poverty Program [J]. Journal of Development Economics, 2001, 74 (1): 199 – 250.

[150] Kremer, M. , & Ilias, N. Teacher incentives. The Field Experiments Website, 2003.

[151] Jensen, R. The (Perceived) Returns to Education and the Demand for Schooling [J]. Quarterly Journal of Economics, 2010, 125 (2): 515 – 548.

[152] Thornton, R. , Akee, R. , Cutler, D. , Hammel, E. , & Shapiro, J. The Demand for and Impact of Learning HIV Status: Evidence from a Field Experiment, 2005.

[153] Xavier, Gine, Dean, Karlan, Jonathan, & Zinman. Put Your Money Where Your Butt Is: A Commitment Contract for Smoking Cessation [J]. American Economic Journal Applied Economics, 2010, 2 (4): 213 – 235.

[154] Duflo, E. , Kremer, M. , & Robinson, J. Nudging Farmers to Use Fertilizer: Theory and Experimental Evidence from Kenya [J]. The American Economic Review, 2011, 101 (6): 2350 – 2390.

[155] Dupas, P. , & Robinson, J. Why Don't the Poor Save More? Evidence

from Health Savings Experiments ［J］. Santa Cruz Department of Economics, Working Paper Series, 2012.

　　［156］ Kotler P T, Lee N R. Up and Out of Poverty: The Social Marketing Solution ［J］. Financial Times Prentice Hall, 2009.